销售冠军成长记系列

金牌销售项目组
组织编写

二手房销售
从入门到精通

从目标到业绩的
高效销售技巧

U0313881

化学工业出版社

·北京·

内容简介

《二手房销售从入门到精通——从目标到业绩的高效销售技巧》全面系统地介绍了房地产经纪人员应了解的专业知识、应具备的素质要求、房源开发与推广技巧、客户开发与分析技巧、客户接待与面谈技巧、带客看房与成交技巧、客户跟进与维护技巧、自我学习与提升技巧等内容。本书从大众化的视角，通过"情景再现"，将理论和实践紧密结合，向读者传递出二手房销售的理论和技巧。"休闲小吧"可让读者通过阅读小故事来感受大道理。

本书突出实用性和专业性，无论是职场新手，还是经验丰富的房地产经纪人员，相信阅读本书后都会对二手房销售有新的认识，使业绩步步增长。

图书在版编目（CIP）数据

二手房销售从入门到精通：从目标到业绩的高效销售技巧/ 金牌销售项目组组织编写. —北京：化学工业出版社，2021.2（2022.1重印）

（销售冠军成长记系列）

ISBN 978-7-122-38151-4

Ⅰ.①二… Ⅱ.①金… Ⅲ.①房 地 产 - 销售 Ⅳ.①F293.352

中国版本图书馆CIP数据核字（2020）第243339号

责任编辑：陈 蕾
装帧设计：尹琳琳
责任校对：王鹏飞

出版发行：化学工业出版社
　　　　　（北京市东城区青年湖南街13号　邮政编码100011）
印　　装：涿州市般润文化传播有限公司
710mm×1000mm　1/16　印张13¼　字数226千字
2022年1月北京第1版第2次印刷

购书咨询：010-64518888
售后服务：010-64518899
网　　址：http://www.cip.com.cn

凡购买本书，如有缺损质量问题，本社销售中心负责调换。

定　价：68.00元　　　版权所有　违者必究

销售是一门非常大的学问，其中蕴含着很多道理、技巧，销售经验和能力不是简简单单一下就能学成的，它需要不断的打磨和修炼。要做好销售工作需要销售人员具有真才实干，需要勇气、口才、交际能力，更需要一定的知识素养、谈判能力和耐力。一个销售人员通过不断的学习和坚持不懈的努力，一定会产生好的业绩。

销售的起步非常艰辛，对于一个销售新人来说，刚开展业务的时候没有人脉、没有客户、没有经验，难免会遇到各种各样的问题，这时销售人员一定要调整好自己的心态，不懈地坚持努力，以诚待人，积聚人脉，开发客户，让潜在的客户真正了解你，让他们转化为你真正的客户。

基于此，我们组织编写了一套"销售冠军成长记系列"丛书，丛书包括《二手房销售从入门到精通——从目标到业绩的高效销售技巧》《保险销售从入门到精通——从目标到业绩的高效销售技巧》《汽车销售从入门到精通——从目标到业绩的高效销售技巧》《服装销售从入门到精通——从目标到业绩的高效销售技巧》四本。

本套图书具有以下亮点和特色。

◇章节架构方面：每章下都将独立的要点成节，每一节又分"要而言之""详细解读"两大板块，其中"详细解读"运用了大量的图表和"小提示""休闲小吧""销售语录""情景再现""名人名言""相关链接"等栏目，对各知识点进行了丰富和拓展。

◇充分考虑现代人快节奏、高压力的工作方式，完全去"理论化"而注重实际操作性，所有知识点都使用精确而简洁的方式进行描述，并尽可能多地通过碎片化的阅读模式解读各知识点，进一步启发读者去思考、学习并运用各项技能。

其中，《二手房销售从入门到精通——从目标到业绩的高效销售技巧》由导读（如何成为一流销售人员）、应了解的专业知识、应具备的素质要求、房源开发与推广技巧、客户开发与分析技巧、客户接待与面谈技巧、带客看房与成交技巧、客户跟进与维护技巧、自我学习与提升技巧等内容组成。

由于笔者水平有限，书中不足之处在所难免，敬请读者批评指正。

编者

目录 Contents

001

导读
如何成为一流
销售人员

对于一名房地产经纪人来说，必须要对房地产相关知识有充分的了解，只有掌握了这些知识，你在客户面前才会更自信，才能赢得客户的信任。而只有当顾客真正喜欢你并相信你之后，才有机会合作。

005

第一章
应了解的
专业知识

033

第二章
应具备的
素质要求

任何一个职业都有其基本的素质要求，房地产经纪人员也不例外。二手房销售是一个充满机遇与挑战的职业，也是一个人才荟萃、薪酬丰厚的职业。作为一名合格的房地产经纪人员，必须具备这个行业所要求的各种能力与素质。

045

第三章
房源开发与
推广技巧

对房地产经纪机构而言，最重要的资源莫过于房源，门店有了房源才可以向有购买需求的客户进行推销。所以，房地产经纪机构往往非常重视房产经纪人的房源开发能力，如果一个经纪人掌握了成体系的房源开发技巧，那他才能取得店长的信任与客户的认可。

如果说房源是房产门店的经济命脉，那么客户就是房产中介生存的血液，有了客户才能源源不断地消化房源。客源的建立也非一日之功，它是房地产经纪人在与客户长期接触、沟通的过程中慢慢完成的。

客户接待与面谈是开发客户最基本的途径之一。接待做得好，衔接带看紧密就可以直接促成签单，但是很多经纪人却忽略客户接待的重要性，白白错失成单机会。因此，房地产经纪人应掌握必要的客户接待与面谈的技巧。

133

第六章
带客看房与
成交技巧

带看，顾名思义就是经纪人带领意向客户实地看房的过程。带看是房地产经纪机构工作流程中最重要的一环，也是经纪人对客户进行深入了解的最佳时机，这一过程掌握得好坏直接影响到交易的成功与否。

167

第七章
客户跟进与
维护技巧

客户是房地产经纪人员的财富，做好客户的跟进与维护工作，提供周到细致的售后服务，可以赢得客户的信赖，从而为自己争取更多的潜在客户。

"活到老学到老"，作为房地产经纪人员也一样。只有不断学习提升自我，与时俱进，才能最终成功。当然，自我学习提升需要循序渐进，脚踏实地，切不可一步登天，只有在平日做好各项基础工作，成功才会不期而遇！

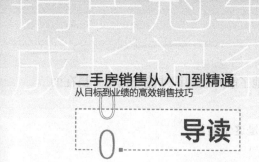

二手房销售从入门到精通
从目标到业绩的高效销售技巧

0. 导读

如何成为一流销售人员

　　销售是一门学问，人人都会做销售，但不是谁都能真正做好销售。销售人员要掌握的不仅仅是向客户卖东西那么简单，而要明白为什么要卖给客户？怎样卖给客户？怎么有客户来买？可见，要想成为一名一流的销售人员，还要付出很多努力。

一、提升销售能力

　　销售能力究竟应该怎么提升？不管是销售人员本身还是销售管理人员，都应该思考这个问题。

　　很多人不得其法，眉毛胡子一把抓，只要看到和销售有关的内容，不管是否适合自身便东拼西凑，拿来就用。实在没有别的办法，就反复"打鸡血"，甚至试图通过体罚措施来提升销售能力的现象也屡见不鲜。

　　其实，提升销售能力应该遵循一个清晰的模型框架及路线图，才能做到科学高效、省时省力。

　　下图所示的就是销售能力模型。

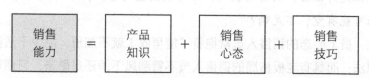

销售能力模型

1.产品知识

产品是销售的前提和核心，完整、深入地了解产品知识才能让销售人员在面对和产品有关的问题时从容不迫。

俗话说"手里有粮，心里不慌"，讲的就是这个道理。

2.销售心态

销售心态是决定销售是否成功的关键，积极的心态更容易让销售人员发现工作中的机会，乐观的销售人员随时会给人传播积极的能量。在与客户交流时也是这样，销售人员的乐观会带给客户愉快的消费体验，客户也更愿意跟你交流，你因此也会给客户留下深刻的印象。

3.销售技巧

销售技巧是销售人员沟通时运用的一些方法，它应该建立在人性基础之上，同时也要符合客户的心理规律。

技巧是对知识的整合，它决定了销售的效率，具有重要的作用。销售技巧可以让销售过程"多、快、好、省"，可以充分发挥产品知识的价值，让沟通有结果。

二、改变销售思维

销售提供的是一个好的创业机会，用老板的思维来经营销售事业，成功胜率自然提升。

1.有老板的格局——赢在自我规划

适逢梅雨季节，一位员工烦恼地说："这连续大雨不知道什么时候才会停？"

"为什么要担心？我最喜欢下雨天去拜访客户了。"老板好奇地问对方："下雨天，不正是拜访客户的好时机吗？平常说没空的客户，下雨天同样不想出门，这时就很可能有空，不是吗？"

可见，员工心态的销售人员常抱着"能早收工就不加班，能少干活就省点精力"的想法；而具有老板格局的销售人员不管刮风下雨还是酷暑，习惯规划思考"还能做些什么？"清楚自己"接下来该做什么？"善于管理时间、规划活动行程以及调整自身的业务节奏。

当你将销售当事业，用老板的格局思维看待时，应该会觉得时间不够用才是。

2.有老板的视野——不吝自我投资

生活中，常会有人说："等我赚到钱，收入稳定了，我再去学这个、进修那个、参加什么研习营……"

"赚到钱再谈自我投资"的思考模式有陷阱，毕竟投资不会立竿见影，需要花心力持续、累积时间慢慢发酵。就好比今天去健身房报了名，并不会立刻长出六块腹肌；加入了社团发展人脉，需要和大家真心交流、搏感情，才能签单成交。

老板视野看的不只是今天，而是明天、明年甚至十几年后，所以他们不会将今天赚到的利润全放进口袋，而会拿出一部分钱投资未来。

有老板视野的销售人员，会将每个月赚的钱拨一部分作为投资，投资在人脉经营，不断丰富自己的人脉关系；投资在自我成长，培养专业以外的兴趣；投资在专业技能，学习各种对销售专业有帮助的课程。老板在想的不是"有钱再去做"，而是"值得就该去做"。

3.有老板的思维——不断自我检视

通过开会就能看出老板与员工之间的差别。老板开会的心态是为了盘点检讨，找对策、做修正，态度十分积极；而员工听到开会，就联想到又要被检讨、肯定没有好事，通常是消极以对。

常常也有销售人员抱怨："每次开会就是检讨业绩进度，检讨拜访活动量，还要申报业绩目标……烦不烦啊！"

事实上，一个优秀的团队不用等到开会，随时都会自我检视，盘点自身进度，检讨还有哪些不足。

老板与员工之间还有一个明显的差别。若是问老板，行业不景气、竞争压力又大、生意好做吗？事业有成的老板会说："机会其实还是有的，只要我们提升实力，自然能增加竞争力……"相同的问题，员工则会说："对啊，景气不如以往、市场竞争很激烈，老板还要求做得更多……"可见，老板会寻求突破、精益求精，而员工往往是牢骚抱怨加借口。

因此，对于销售人员来说，想要业绩突出，应该拥有自己就是老板的思维，随时多一点自我检视，其实这也是在为自己打拼。

小提示

　　用工作的格局做销售，通常都是被动等待客户上门，看不见热情；而用创业的格局做销售，自然表现出主动积极，还想尽办法追求成长、深化市场经营，销售动力油然而生。所以想成为一流的销售人员，应先将格局高度提上来，把自己当老板。

三、成功推销自己

　　推销自己，是所有成功的销售人员必须具备的技能。把自己推销给别人，是你成功推销的第一步。

　　乔·吉拉德做汽车销售时，许多人排很长的队也要买他卖的车，实际上他卖的车与别的汽车销售业务员卖的车一样，但人们宁愿等候多日，也要从他手里买车。为什么？当有人向乔·吉拉德请教他的成功秘诀时，他这样回答："跟其他人一样，我并没有什么诀窍，我只是在销售世界上最好的产品，就是这样，我在销售乔·吉拉德。"

　　销售任何产品之前首先销售的是你自己，在销售过程中，假设客户不接受你，你还有机会向他介绍产品吗？要记住，一流的销售卖自己，二流的销售卖服务，三流的销售卖产品。

第一章
应了解的专业知识

导言

对于一名房地产经纪人来说，必须要对房地产相关知识有充分的了解，只有掌握了这些知识，你在客户面前才会更自信，才能赢得客户的信任。而只有当顾客真正喜欢你并相信你之后，才有机会合作。

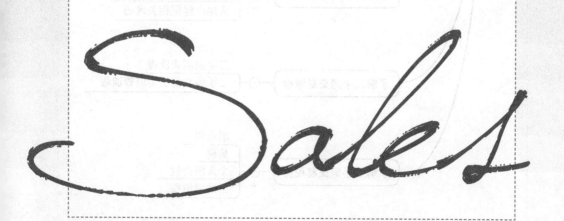

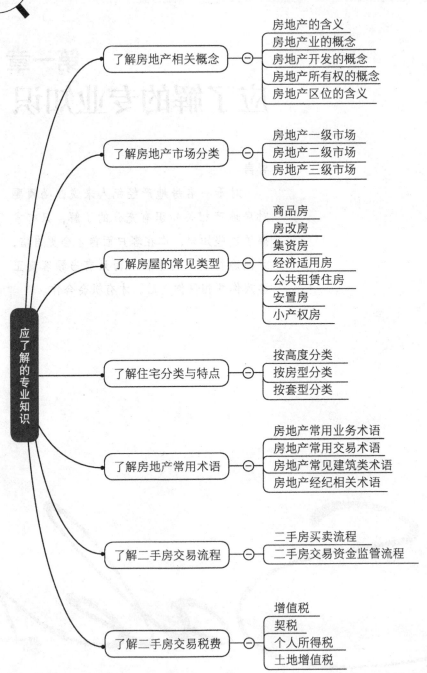

了解房地产相关概念
- 房地产的含义
- 房地产业的概念
- 房地产开发的概念
- 房地产所有权的概念
- 房地产区位的含义

了解房地产市场分类
- 房地产一级市场
- 房地产二级市场
- 房地产三级市场

了解房屋的常见类型
- 商品房
- 房改房
- 集资房
- 经济适用房
- 公共租赁住房
- 安置房
- 小产权房

应了解的专业知识

了解住宅分类与特点
- 按高度分类
- 按房型分类
- 按套型分类

了解房地产常用术语
- 房地产常用业务术语
- 房地产常用交易术语
- 房地产常见建筑类术语
- 房地产经纪相关术语

了解二手房交易流程
- 二手房买卖流程
- 二手房交易资金监管流程

了解二手房交易税费
- 增值税
- 契税
- 个人所得税
- 土地增值税

了解房地产相关概念

【要而言之】▶▶▶

　　房地产是一个综合的较为复杂的概念，从实物现象看，它由建筑物与土地共同构成。土地可以分为未开发的土地和已开发的土地，建筑物依附土地而存在，与土地结合在一起。建筑物是指人工建筑而成的产物，包括房屋和构筑物两大类。

【详细解读】▶▶▶

一、房地产的含义

　　对于房地产的概念，应该从两个方面来理解：房地产既是一种客观存在的物质形态，也是一项法律权利。

1.从物质形态来看

　　作为一种客观存在的物质形态，房地产是指房产和地产的总称，包括土地和土地上永久建筑物及其所衍生的权利。房产是指建筑在土地上的各种房屋，包括住宅商铺、厂房、仓库以及办公用房等。地产是指土地及其上下一定的空间，包括地下的各种基础设施、地面道路等。

小提示

　　房地产由于其自身的特点即位置的固定性和不可移动性，在经济学上又被称为不动产。可以有三种存在形态，即土地、建筑物、房地合一。

2.从法律权利来看

法律意义上的房地产本质是一种财产权利，这种财产权利是指寓含于房地产实体中的各种经济利益以及由此而形成的各种权利，如所有权、使用权、抵押权、典当权、租赁权等。

二、房地产业的概念

房地产业是指以土地和建筑物为经营对象，从事房地产开发、建设、经营、管理以及维修、装饰和服务的集多种经济活动为一体的综合性产业，是具有先导性、基础性、带动性和风险性的产业。主要包括以下内容：土地开发；房屋的建设、维修、管理；土地使用权的有偿划拨、转让；房屋所有权的买卖、租赁；房地产的抵押贷款以及由此形成的房地产市场。在实际生活中，人们习惯于将从事房地产开发和经营的行业称为房地产业。

三、房地产开发的概念

房地产开发是指在依法取得国有土地使用权的土地上，按照城市规划要求进行基础设施、房屋建设的行为。因此，取得国有土地使用权是房地产开发的前提，而房地产开发也并非仅限于房屋建设或者商品房屋的开发，而是包括土地开发和房屋开发在内的开发经营活动。简言之，房地产开发是指在依法取得国有土地使用权的土地上进行基础设施、房屋建设的行为。

四、房地产所有权的概念

房地产所有权是指房地产所有权人对自己的房地产依法享有占有、使用、收益和处分的权利。房地产所有权人通常又称为房地产所有人、所有者。所有权的上述占有、使用、收益和处分四项内容，在理论上通常被认为是所有权具有的四项基本权能。

1.占有

占有是对房地产的实际掌握和控制。拥有一宗房地产的一般前提就是占有，这是房地产所有权直接行使所有权的表现。所有权人的占有受法律保护，不得非法侵犯。占有通常为所有权人行使，但也可依法或者依所有权人的意愿交由非所有权人行使。因此，所有权和占有既可结合又可分离。

2.使用

使用是对房地产的运用，以便发挥房地产的使用价值。拥有房地产的目的一般是为了使用。但房地产所有权人可以自己使用，也可以授权他人使用。在所有权人将使用权交由非所有权人行使的情况下，所有权人并不丧失所有权。这些都是所有权人行使使用权的行为。因此，使用权和所有权既可结合又可分离。

3.收益

收益是通过房地产的占有、使用等方式取得经济利益。使用房地产并获得收益是拥有房地产的目的之一。收益也包括孳息。孳息分为天然孳息和法定孳息。

4.处分

处分是对房地产在事实上和法律上的最终处置，包括出租、出卖、赠予、抵押等。处分权一般由所有权人行使，但在某些情况下，非所有权人也可以有处分权。

五、房地产区位的含义

房地产区位，是指房地产的空间位置。衡量房地产区位的好坏，最常见的指标是该房地产与地标性场所（如市中心、火车站、购物中心、重点学校、知名医院、公园）的距离。这个距离可以分为空间直线距离、交通路线距离和交通时间距离，如下图所示。

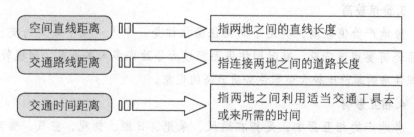

房地产与地标性场所距离的分类

交通时间距离一般来说比较科学，但在实际中有可能被误用而产生误导。

比如"交通方便，20分钟车程可达市中心"，可能是在交通流量很小的夜间、用速度很快的小汽车测量的，而乘坐公共汽车，在上下班时段可能要花1个小时。

《房地产广告发布规定》（工商总局令第80号）规定房地产广告不得含有"以项目到达某一具体参照物的所需时间表示项目位置"。

相关链接

房地产的主要特性

房地产与其他商品相比，有许多不同之处。这些不同之处是由房地产的特性决定的。房地产的主要特性有不可移动、独一无二、价值较高、相互影响、不易变现和保值增值等。

1.不可移动

房地产的不可移动，决定了它不像动产那样能够在不同地区调剂余缺，因此，房地产市场通常不是全国性市场，更不是全球性市场，而是地区性市场（一般可将一个城市视为一个市场），其供求状况、价格水平和价格趋势等都是地区性的。

2.独一无二

房地产的独一无二，使得市场上没有完全相同的房地产供给，房地产之间难以完全替代，房地产价格千差万别，通常是"一房一价"。房地产交易不宜采用样品交易的方式，即使有户型图、内外照片或视频，最好也要到交易房屋实地查看、亲身感受和体验。

3.价值较高

房地产价值较高，决定了购买住房往往是一个人一生中最大的支出，并且还需要申请贷款。有时因住房面积过大导致许多人买不起，出现较小面积住房的单价比较大面积住房明显高的现象。

4.相互影响

房地产的相互影响，是指在通风、采光、日照、景观、空气、噪声、安全等方面，房地产之间是相互影响的。在住宅附近建高档别墅、高级酒店等，通常会使该住宅价格上升；如果建加油站、厂房、仓库、集贸市场等，则通常会使该住宅价格下降。

5.不易变现

房地产的不易变现，决定了它流通性差。房地产因价值较高、各不相同、不可移动，加上交易涉及环节较多、过程复杂、税费较多等原因，使得房地产需要出售时，通常要花较长时间才能售出。

6.保值增值

房地产的保值增值，是指房地产随着交通等基础设施和公共服务不断改善、环境美化、人口增加等，其原有的价值通常可以得到保持，甚至不断增加。房地产保值增值，从长期趋势上来看是这样的，并不代表着房地产价格只涨不跌。

休闲小吧

有个猎人，在深山里挖了一个陷阱，安放了一个捕兽工具，只要野兽的脚碰到它，就会牢牢地将其钳住。

有一次，一只倒霉的黑熊出来觅食，一不小心踏到了这个捕兽工具，怎么也挣不脱。黑熊知道被猎人捉住就会身首异处，怎么办？难道为了这几寸小小的足掌让长达七尺的身躯难受？不行，还是逃命要紧。黑熊发怒起来，拼命地蹦跳腾跃，挣断了钳住的足掌，终于逃跑了。

点评

销售人员在销售过程中，可能会遇到一些陷阱。重要的是在认识到这个陷阱时，能否像这只黑熊一样，做到宁可牺牲局部也要保全整体呢？

了解房地产市场分类

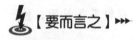【要而言之】▶▶

　　房地产根据其流通顺序，可以分为房地产一级市场、房地产二级市场、房地产三级市场。房地产经纪人员所从事的房子销售，主要是集中于三级市场，即二手房的销售。

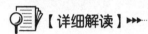【详细解读】▶▶

一、房地产一级市场

　　房地产一级市场是国家作为城市土地所有者直接参与经营的城市房地产市场，是由国家垄断的。国家是一级市场的核心，是最重要的市场主体，其发挥的特殊作用决定了房地产一级市场的垄断性、计划性和产权变动的单向性。

二、房地产二级市场

　　房地产二级市场，是土地使用者经过开发建设，将新建成的房地产进行出售和出租的市场。即一般指商品房首次进入流通领域进行交易而形成的市场。房地

销售语录

人生需要智慧，选择需要勇气，买房则需要眼光。

产二级市场也包括土地二级市场，即土地使用者将达到规定可以转让的土地，进入流通领域进行交易的市场。

三、房地产三级市场

房地产三级市场是指购买房地产的单位和个人，再次将房地产转让或租赁的市场。就是房地产再次进入流通领域进行交易而形成的市场，也包括房屋的交换。房地产三级市场即通常所说的二手房市场，指房屋或物业在获取产权证件之后，进入市场流通，包括二手房的买卖、租赁和置换等市场行为。

休闲小吧

一个人想做一套家具，就走到树林里砍倒一棵树，并动手把它锯成木板。这个人锯树的时候，把树干的一头搁在树墩上，自己骑在树干上；还往锯开的缝隙里打了一个楔子，然后再锯，等一会儿又把楔子拔出来，再打进一个新地方。

一只猴子坐在一棵树上看着他所干的这一切，心想：原来伐木如此简单。

这个人干累了就躺下来打个盹，猴子爬下来骑到树干上，模仿着人的动作锯起树来，锯起来很轻松，但是，当猴子拔出楔子时，树干一合拢，夹住了它的尾巴。

猴子疼得大叫，它极力挣扎，把人给闹醒了。最后被人用绳子捆了起来。

点评

销售人员采用其他人的销售方式，但是没有实现成效。模仿不是简单机械的重复，模仿需要创新，就像猴子的尾巴，一不小心就被树干夹住了。模仿固然重要，但创新更为关键。

了解房屋的常见类型

【要而言之】▶▶▶

在房产市场上，常见的房屋类型有普通商品房、经济适用房、小产权房等。房屋类型不同，特点也不相同。

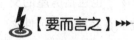【详细解读】▶▶▶

一、商品房

居民住宅形式之一，是政府或房地产商建造，由市场直接销售或出租的住房。由卧室、厨房、卫生间等结构组成。

二、房改房

房改房也叫已购公有住房，是城镇职工根据国家和县级以上地方人民政府有关城镇住房制度改革政策规定，按照成本价或者标准价购买的已建公有住房。按市场价购买的房改房，产权归个人，可随时上市交易；按成本价购买的房改房，产权归个人，一般5年后可上市交易；按标准价购买的房改房，部分产权归个人，交易时，应事先补足标准价和成本价之间的差价。

三、集资房

集资房一般是由国有单位出面组织并提供自有的国有划拨土地用作建房用地，国家予以减免部分税费，由参加集资的职工部分或全额出资建设，房屋建成后归职工所有，不对外出售。集资房的产权：整体产权归单位，个人拥有使用权。土地性质为国有划拨。

四、经济适用房

经济适用房是根据国家经济适用住房建设计划安排建设的住宅。由国家统一下达计划，用地一般实行划拨的方式，免收土地出让金，对各种经批准的收费实行减半征收，出售价格实行政府指导价，按保本微利的原则确定。它的产权归个人，购房者需要满足一定的条件，如家庭收入、家庭人口等。土地性质为划拨。一般5年后可上市交易，且要向房管局补缴土地出让金，政府有优先回购权。

五、公共租赁住房

公共租赁住房，是指限定建设标准和租金水平，面向符合规定条件的城镇中等偏下收入住房困难家庭、新就业无房职工和在城镇稳定就业的外来务工人员出租的保障性住房。

六、安置房

安置房是指政府进行城市道路建设和其他公共设施建设项目时，对被拆迁住户进行安置所建的房屋。即因城市规划、土地开发等原因进行拆迁，而安置给被拆迁人或承租人居住使用的房屋。

七、小产权房

小产权房是指在农村集体土地上建设的房屋，未办理相关证件，未缴纳土地出让金等费用，其产权证不是由国家房管部门颁发，而是由乡政府或村颁发，亦称"乡产权房"。"小产权房"不是法律概念，是人们在社会实践中形成的一种约定俗成的称谓。购房合同在国土房管局不会给予备案。

了解住宅分类与特点

【要而言之】▸▸▸

住宅是供家庭居住使用的建筑物，应当具备可供人们生活起居的功能和设施。按照不同的分类标准，住宅可以分成不同的种类。

【详细解读】▸▸▸

一、按高度分类

住宅按楼体高度可以分为低层、多层、中高层、高层与超高层，具体如下表所示。

对住宅按楼体高度分类

序号	类型	具体说明
1	低层住宅	指 1 ~ 3 层的住宅，主要指一户独立式住宅，或两户连立式和多户联排式住宅
2	多层住宅	指 4 ~ 6 层高的住宅，借助公共楼梯解决垂直交通，是一种最具代表性的城市集合住宅
3	中高层住宅	指 7 ~ 9 层
4	高层住宅	指 10 层以上
5	超高层住宅	指 30 层以上

二、按房型分类

按房型可将住宅分为单元式住宅、公寓式住宅、错层式住宅、复式住宅、跃层式住宅、花园洋房式住宅（别墅）、小户型住宅等，具体如下表所示。

对住宅按房型分类

序号	类型	具体说明
1	单元式住宅	也叫梯间式住宅，一般为多层住宅所采用，是一种比较常见的类型。指每个单元以楼梯间为中心布置住户，由楼梯平台直接进入分户门；住宅平面布置紧凑，住宅内公共交通面积少；户间干扰不大，相对比较安静；有公摊面积，可保持一定的邻里交往，有助于改善人际关系
2	公寓式住宅	一般建筑在大城市里，多数为高层楼房，标准较高，每一层内有若干单户独用的套房，包括卧房、起居室、客厅、浴室、厕所、厨房、阳台等；有的附设于旅馆酒店之内，供一些常常往来的中外客商及其家属中短期租用
3	错层式住宅	指一套住宅室内地面不处于同一标高，一般把房内的厅与其他空间以不等高形式错开，高度在不同的平面上，但房间的层高是相同的
4	复式住宅	一般是指每户住宅在较高的楼层中增建一个夹层，两层合计的层高要大大低于跃层式住宅（复式为 3.3 米，而一般跃层式为 5.6 米），其下层供起居用，如炊事、进餐、洗浴等；上层供休息睡眠和储藏用
5	跃层式住宅	指一套住宅占有两个楼层，由内部楼梯联系上下楼层。跃层户型大多位于住宅的顶层，结合顶层的北退台设计，因此，大平台是许多跃层户型的特色之一。室内布局一般一层为起居室、餐厅、厨房、卫生间、客房等，二层为私密性较强的卧室、书房等
6	花园洋房式住宅	一般称作西式洋房或小洋楼，也称花园别墅。一般都是带有花园草坪和车库的独院式平房或二三层小楼，建筑密度很低，内部居住功能完备，装修豪华并富有变化。住宅内水、电、暖供给一应俱全，户外道路、通信、购物、绿化也都有较高的标准，一般是高收入者购买
7	小户型住宅	最近住宅市场上推出的一种颇受年轻人欢迎的户型。小户型的面积一般不超过 60 平方米。小户型的受欢迎与时下年轻人的生活方式息息相关。许多年轻人在参加工作后，独立性越来越强，再加上福利分房逐渐取消，因此在经济能力不太强、家庭人口不多的情况下，购买小户型住宅不失为一种明智的过渡性选择

三、按套型分类

"套"是指一个家庭独立使用的居住空间范围，就是指每家所用的住宅单元的面积大小。住宅的"套型"也就是满足不同户型家庭生活的居住空间类型。我们习惯上也称作"户型"。按套型可将住宅分为一居室、两居室、三居室、多居室等。具体如下表所示。

对住宅按套型分类

序号	类型	具体说明
1	一居室	一居室在房型上属于典型的小户型，通常是指一个卧室，一个厅（指客厅，一般很小）和一个卫生间，一个厨房（也可能没有）。特点是在很小的空间里要合理地安排多种功能活动，包括起居、会客、储存、学习等；市场房价一般单价偏高，但总价较低，消费人群一般为单身一族。目前，一居室就房地产开发而言，尤其在大城市是一种稀缺户型，需求比较旺盛
2	两居室	一般说法有两室一厅、两室两厅两种户型。但两室一厅最为常见，是指有两个卧室，一个厅（客厅可兼餐厅，比一居室稍大），一个卫生间和一个厨房。其特点是户型适中，方便实用，消费人群一般为新组家庭。两居室也是常见的一种小户型结构
3	三居室	三居室可以归为一种较大户型，主要有三室一厅、三室两厅两种户型。指有三个卧室，一个厅或两个厅（客厅和餐厅），一个或两个卫生间和一个厨房。特点是面积相对宽敞，三居室尤其是三室两厅房，是一种相对成熟、定型的房型，一般居住时间较长，是最为常见的大众户型
4	多居室	多居室也常称作多室户，属于典型的大户型，指卧室数量超过四间（含四间）以上的住宅居室套型。由于套内面积较大，一般都有两卫或三卫以上。功能布局上与小户型相比更为合理，考虑主、客分区，尤其动静分区划分清晰。其特点是功能分区明确，居住面积宽敞，适合人口较多的家庭

销售语录

生活态度决定生活方式，生活方式取决于消费理念。

了解房地产常用术语

【要而言之】▶▶

专业术语是相对日常用语而言的，一般指某一行业的专有名称简介，大多数情况为该领域的专业人士所熟知。

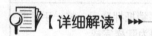【详细解读】▶▶

一、房地产常用业务术语

房地产常用业务术语，如下表所示。

房地产常用业务术语

序号	术语	解析
1	洗盘	通过业主资料或其他途径了解房屋的最新动态和基本情况
2	洗客	通过客户资料了解客户的最新动态
3	睇楼	看房
4	洗楼	通过派发资料直接和业主客户交流了解其有关需求
5	跑盘	通过走访、电话咨询了解楼盘信息
6	跳盘	通过同行挖走业主房源
7	跳客	通过同行挖走其客户资源
8	日志	与业主、客户沟通的内容
9	封盘	有准客户看中某物业时而采取的一种暂时性营销策略，某物业封盘时只有分行经理或指定人员才有权看到该物业信息
10	守价	咬住某价格不放
11	浪价	讨价还价的方式
12	差价	房屋买卖过程中的差额
13	转介	公司不同部门介绍业主、客户资源

二、房地产常用交易术语

房地产常用交易术语，如下表所示。

房地产常用交易术语

序号	术语	解析
1	查档	就该物业向国土部门查询相关产权状况。每查档一次国土部门都将收取一定的查档费
2	首期款	楼款中银行承诺向买方发放按揭贷款金额以外的部分（买方选择按揭付款）
3	一手证	卖方名下该物业的《不动产证》（或《房地产证》）
4	赎楼	付清卖方该物业的抵押贷款本息并注销抵押登记，将一手证赎出。一手证赎出且抵押登记被注销，视为赎楼完成
5	递件	买卖双方签署《××市房地产买卖合同（现售）》后向产权登记中心申请办理产权转移登记手续并取得收文回执
6	不动产证	递件后国土部门发放的买方的《不动产证》（红本）
7	履约保证金	经纪方在监管的交易款中留存的一笔款项。履约保证金优先用于代卖方支付本次交易的佣金，并保证卖方全面正确履行交付物业的义务；其次用于代卖方支付税费及本次交易相关的其他费用
8	诚意金	指为了解客户意向和交易方便而向客户收取一定的购房意向金（可退）
9	定金	指买卖双方在交易过程中的信物和担保物，定金具备法律效力，订金不具备法律效力
10	个人所得税	根据《中华人民共和国个人所得税法》的规定，个人转让房屋等财产所得，应按规定缴纳个人所得税
11	契税	契税是指不动产（土地、房屋）产权发生转移变动时，就当事人所订契约按产价的一定比例向新业主（产权承受人）征收的一次性税收
12	增值税	《营业税改征增值税试点实施办法》规定：在中华人民共和国境内销售服务、无形资产或者不动产的单位和个人，应交纳增值税
13	土地增值税	是对有偿转让国有土地使用权、地上的建筑物及其附着物而就其增值部分征收的一种税

三、房地产常见建筑类术语

房地产常见建筑类术语，如下表所示。

房地产常见建筑类术语

序号	术语	解析
1	二手房	二手房是已经在房地产交易中心备过案、完成初始登记和总登记的、再次上市进行交易的房产。它是相对开发商手里的商品房而言，是房地产产权交易三级市场的俗称
2	房屋结构形式	主要是以其承重结构所用的材料来划分，一般可以分为砖混结构、砖木结构、钢筋混凝土结构等
3	建筑密度	建筑密度即建筑物的覆盖率。具体指项目用地范围内所有建筑的基底总面积与规划建设用地面积之比（%），它可以反映出一定用地范围内的空地率和建筑密集程度。 建筑密度 = 建筑首层面积 ÷ 规划用地面积 × 100%
4	建筑容积率	建筑容积率即建筑总楼板面积与建筑基地面积的比值。 容积率 = 总建筑面积 ÷ 总用地面积（与占地面积不同）× 100%
5	绿地率	绿地率即居住区用地范围内各类绿地的总和与居住区用地的比率（%） 城市绿地率 = 城市各类绿地总面积 ÷ 城市总面积 × 100%
6	得房率	得房率即套内建筑面积与套（单元）建筑面积之比 套内建筑面积 = 套内使用面积 + 套内墙体面积 + 阳台建筑面积 套（单元）建筑面积 = 套内建筑队面积 + 分摊的公用建筑面积
7	实用率	实用率是套内建筑面积和住宅面积之比，大于使用率 实用率 = 套内建筑面积 ÷（套内建筑面积 + 分摊的公用建筑面积）× 100%
8	建筑面积	建筑物外墙外围所围成空间的水平面积。包含了房屋居住的可用面积、墙体柱体占地面积、楼梯走道面积、其他公摊面积等
9	使用面积	住宅各层平面中直接供住户生活使用的净面积之和。计算住宅租金，都是按使用面积计算
10	公用面积	住宅楼内为住户出入方便、正常交往、保障生活所设置的公共走廊、楼梯、电梯间、水箱间等所占面积的总和

续表

序号	术语	解析
11	辅助面积	住宅建筑各层中不直接供住户生活的室内净面积，包括过道、厨房、卫生间、厕所、起居室、储藏室等
12	套内墙体面积	商品房各套（单元）内使用空间周围的维护或承重墙体，有共用墙及非共用墙两种。商品房各套（单元）之间的分隔墙、套（单元）与公用建筑空间之间的分隔墙以及外墙（包括山墙）均为共用墙，共用墙墙体水平投影面积的一半计入套内墙体面积。非共用墙墙体水平投影面积全部计入套内墙体面积
13	套内阳台建筑面积	均按阳台外围与房屋外墙之间的水平投影面积计算。其中封闭的阳台，按水平投影全部计算建筑面积；未封闭的阳台，则按水平投影的一半计算建筑面积
14	公摊面积	商品房分摊的公用建筑面积主要由两部分组成 （1）电梯井、楼梯间、垃圾道、变电室、设备室、公共门厅和过道等功能上为整楼建筑服务的公共用房和管理用房的建筑面积 （2）各单元与楼宇公共建筑空间之间的分隔以及外墙（包括山墙）墙体水平投影面积的50%
15	销售面积	商品房按"套"或"单元"出售，其销售面积为购房者所购买的套内或单元内建筑面积与应分摊的共用建筑面积之和
16	进深	进深即一间独立的房室或一幢居住建筑，从前墙皮到后墙皮之间的实际长度。现在我国大多城镇住宅房间的进深一般都限定在5米左右，不能随意扩大
17	层高	层高通常指下层地板面或楼板面到相应上层楼板上表面（或下表面）之间的竖向尺寸。一般来说，住宅层高设计在2.8米左右
18	开间	开间即在住宅设计中，住宅的宽度是指一间房屋内一面墙皮到另一面墙皮之间的实际距离。因为是就一个自然间和宽度而言，所以又称为开间
19	居住区	人们日常生活、居住、游览休息，具有一定的人口和用地规模，并集中布置居住建筑、公共建筑、绿地道路以及其他各种工程设施，为城市街道或自然界限所包围的相对独立地区
20	居住小区	以住宅楼房为主体并配有商业网点、文化教育、娱乐、绿化、公用和公共设施等而形成的居民生活区

续表

序号	术语	解析
21	住宅用地	住宅建筑基底占地及其四周合理间距内的用地（含宅间绿地和宅间小路等）的总称
22	配套公建用地	公共设施、绿地、道路及公共建设用地（配电室、保安亭一类的）。一般来说，这类是为住宅预留的配套公用空间
23	配建设施	与住宅规模或与人口规模相对应配套建设的公共服务设施、道路和公共绿地的总称
24	公共绿地	供游览休息的各种公园、动物园、植物园、花园以及林荫道绿地、广场绿地，不包括一般栽植的行道树及林荫道的面积

四、房地产经纪相关术语

房地产经纪相关术语，如下表所示。

房地产经纪相关术语

序号	术语	解析
1	房地产经纪	指房地产经纪机构和人员为促成房地产交易，向委托人提供房地产代理、居间等服务并收取佣金的行为
2	房地产经纪机构	指依法设立，从事房地产经纪活动的中介服务机构
3	房地产经纪人	指通过全国房地产经纪人资格考试或者资格互认，依法取得房地产经纪人资格，并经过注册，从事房地产经纪活动的专业人员
4	房地产经纪人协理	指通过房地产经纪人协理资格考试，依法取得房地产经纪人协理资格，并经过注册，在房地产经纪人的指导下，从事房地产经纪活动的协助执行人员
5	房地产代理	指房地产经纪机构按照房地产经纪服务合同约定，以委托人的名义与第三人进行房地产交易，并向委托人收取佣金的行为

续表

序号	术语	解析
6	房地产居间	指房地产经纪机构按照房地产经纪服务合同约定，向委托人报告订立房地产交易合同的机会或者提供订立房地产交易合同的媒介服务，并向委托人收取佣金的行为
7	房地产经纪服务合同	指房地产经纪机构和委托人之间就房地产经纪服务事宜订立的协议，包括房屋出售经纪服务合同、房屋出租经纪服务合同、房屋承购经纪服务合同和房屋承租经纪服务合同等
8	房地产经纪服务	指房地产经纪机构和人员为促成房地产交易，向委托人提供的相关服务，包括提供房源、客源、价格等信息，实地查看房地产，代拟房地产交易合同等
9	独家代理	指委托人仅委托一家房地产经纪机构代理房地产交易事宜
10	佣金	指房地产经纪机构向委托人提供房地产经纪服务，按照房地产经纪服务合同约定，向委托人收取的服务费用
11	差价	指通过房地产经纪促成的交易中，房地产出售人（出租人）得到的价格（租金）低于房地产承购人（承租人）支付的价格（租金）的部分

休闲小吧

作为美国总统，林肯对政敌的态度引起了一位官员的不满。这位官员批评林肯不应该试图跟那些人做朋友，而应该消灭他们。

"当他们变成我的朋友时，"林肯十分温和地说"难道我不是在消灭我的敌人吗？"

点评

朋友和敌人是相对的，如果一个敌人变成了朋友，不正是少了一个敌人吗？在销售市场上，竞争对手也是相对的。

了解二手房交易流程

【要而言之】▶▶▶ ⋯⋯⋯⋯⋯⋯⋯⋯⋯⋯⋯⋯⋯⋯⋯⋯⋯⋯⋯⋯⋯⋯⋯⋯⋯

二手房交易是指已经在房地产交易中心备过案、完成初始登记和总登记的、再次上市进行交易。二手房的交易不同于一手房，其交易过程繁杂，房地产经纪人一定要了解清楚。

【详细解读】▶▶▶ ⋯⋯⋯⋯⋯⋯⋯⋯⋯⋯⋯⋯⋯⋯⋯⋯⋯⋯⋯⋯⋯⋯⋯⋯⋯⋯⋯⋯⋯

一、二手房买卖流程

二手房买卖是房地产门店的主要业务来源，房地产经纪人应熟悉、掌握门店的二手房买卖业务流程，以便规范自己的行为，取得客户的信任。

如下图所示的是××房地产门店二手房买卖业务流程。

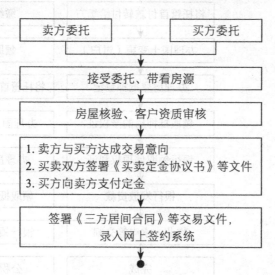

全款

- 办理购房款资金监管
- 打印网签合同
- 办理产权递件手续
- 核算交易税费
- 缴纳交易税费
- 领取新产权证
- 将托管房款转付给卖方
- 办理国土变更（过户）
- 物业、水电等交割
- 完成

商业贷款

- 房屋理值预评估
- 面签《银行贷款合同》
- 办理首付款资金监管
- 银行审批贷款
- 打印网签合同
- 查询房屋档案
- 办理产权递件手续
- 核算交易税费
- 缴纳交易税费
- 领取新产权证
- 将托管首付款转付给卖方
- 办理国土变更（过户）
- 办理房屋抵押登记
- 领取抵押后的产权证
- 银行领取他项权利证
- 银行发放贷款
- 物业、水电等交割
- 完成

公积金贷款

- 房屋现值预评估
- 打印公积金缴存证明
- 查询房屋档案
- 面签贷款申请表
- 办理首付款资金监管
- 很行审批贷款
- 公积金中心审批贷款
- 面签正式《贷款合同》
- 办理产权递件手续
- 核算交易税费
- 缴纳交易税费
- 领取新产权证
- 将托管首付款转付给卖方
- 办理国土变更（过户）
- 办理房屋抵押登记
- 领取抵押后的产权证
- 银行领取他项权利证
- 公积金中心复审

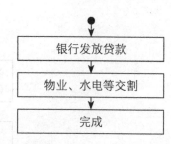

××房地产门店二手房买卖业务流程

二、二手房交易资金监管流程

资金监管类似于"支付宝",它的基本概念是"第三方托管":买卖双方不再"一手交钱一手交货",而是买方先将交易资金存入房管部门指定的专用监管账户,待交易完成,经房管部门查验无误后,金融机构才会将交易资金划转给卖方。这一措施,可使二手房交易资金运转过程变得更加透明和安全。

资金监管是住建部门推出的一项便民服务措施,不收取存量房买卖双方任何费用。

伴随各大银行完成系统对接,往后的二手房交易流程为,买卖双方在存量房网签系统签订存量房买卖合同后,如选择交易资金监管,将可以选择监管银行,并签订交易资金监管协议,买方将监管资金存入监管银行开设的子账户。直到双方办理完不动产转移登记,系统再将资金划拨到卖方账户。

如下图所示的是广东省佛山市二手房资金监管流程图。

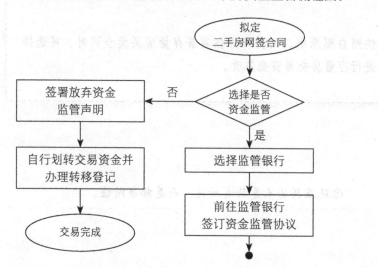

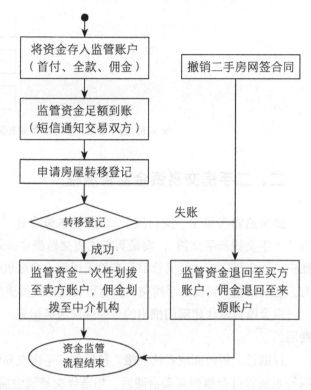

广东省佛山市二手房资金监管流程图

小提示

　　按照自愿原则，买卖双方在签署存量房买卖合同时，可选择是否进行存量房交易资金监管。

销售语录

你现在买的不是物有所值，而是物超所值。

了解二手房交易税费

【要而言之】 ▶▶

在二手房交易中，税务部门会向买卖双方征收各类税费，主要包括增值税（原营业税）、个人所得税、契税。

【详细解读】 ▶▶

一、增值税

2016年3月24日由财政部颁发的《关于全面推开营业税改征增值税试点的通知（财税〔2016〕36号）》，规定了二手房交易税费的最新政策。

（1）自2016年5月1日起，在全国范围内全面推开营业税改征增值税（营改增）试点，北京市、上海市、广州市和深圳市适用规则：

①个人将购买不足2年的住房对外销售的，按照5%的征收率全额缴纳增值税；

②个人将购买2年以上（含2年）的非普通住房对外销售的，以销售收入减去购买住房价款后的差额按照5%的征收率缴纳增值税；

③个人将购买2年以上（含2年）的普通住房对外销售的，免征增值税。

（2）对于其他城市，个人购买不足2年的住房对外销售，按照5%的征收率全额缴纳增值税；个人将购买2年以上（含2年）的住房对外销售的，免征增值税。

普通住宅和非普通住宅定义区分

普通住宅是按所在地一般民用住宅标准建造的居住用住宅。公寓、别墅、度假村等不属于普通住宅。

普通住宅与其他住宅的具体划分界限，2005年5月31日以前由各省、自治区、直辖市人民政府规定。2005年6月1日起，普通住宅应同时满足：住宅小区建筑容积率在1.0以上；单套建筑面积在140平方米以下；实际成交价格低于同级别土地上住房平均交易价格1.2倍以下。

非普通住宅：

（1）住宅小区建筑容积率在1.0以下（不含1.0）；

（2）单套建筑面积在140平方米以上（含140平方米）；

（3）实际成交价格高于该区市场指导价1.2倍以上（不含1.2倍）。

二、契税

契税是以所有权发生转移变动的不动产为征税对象，向产权承受人征收的一种财产税。根据国家规定，房屋买卖要向国家缴纳契税，无论是商品房还是存量房的买卖都要缴纳。契税由买方支付。

截至2016年2月，130多个城市出台去库存相应政策，包括降低税费、农民进城购房、推进异地贷款、提高贷款额度、降低提取公积金限制等。其中，契税降低如下。

（1）对个人购买家庭唯一住房：面积为90平方米及以下的，减按1%的税率征收契税；面积为90平方米以上的，减按1.5%的税率征收契税。

（2）对个人购买家庭第二套改善性住房：面积为90平方米及以下的，减按1%的税率征收契税；面积为90平方米以上的，减按2%的税率征收契税。

需要注意的是，北京市、上海市、广州市、深圳市暂不实施上述家庭第二套改善性住房契税优惠政策，仍为购买第二套房按3%征收契税。上述城市以外的其他地区适用上述全部规定。

三、个人所得税

个人所得税的支付方为卖方，征收标准如下表所示。

个人所得税的征收标准

年限	要求	税率 /%
≥ 5 年	家庭唯一住房	免征
	非家庭唯一住房	20（按差额）
< 5 年	不论是否家庭唯一住房	20（按差额）
无法计算房屋原值	普通住房	1（按全额）
	非普通住房	2（按全额）

注：只有同时满足房产证（或契税完税发票）日期过5年且是家庭唯一住房的这两个条件，才可免征个人所得税。

四、土地增值税

目前，国家对土地增值税的征收标准如下表所示。

国家对土地增值税的征收标准

分类	年限	征收标准
普通住宅		免征
非普通住宅	3 年内	房屋成交总额 ×0.5%
	3 ~ 5 年	房屋成交总额 ×0.25%
	5 年或以上	免征

第二章
应具备的素质要求

导言

　　任何一个职业都有其基本的素质要求，房地产经纪人员也不例外。二手房销售是一个充满机遇与挑战的职业，也是一个人才荟萃、薪酬丰厚的职业。作为一名合格的房地产经纪人员，必须具备这个行业所要求的各种能力与素质。

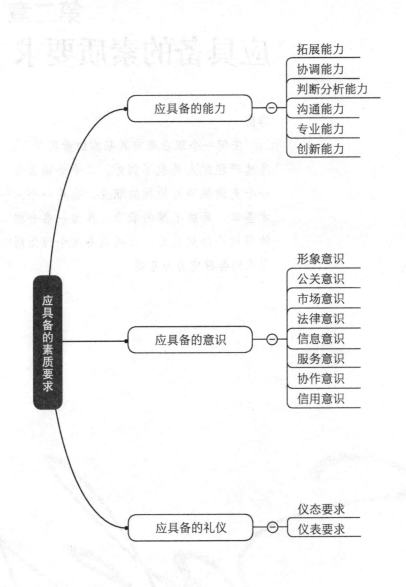

应具备的能力

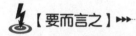 【要而言之】►►►

房地产行业入门门槛较低，但要做好却不是一件简单的事，这就要求房地产经纪人员必须具备一定的能力。

【详细解读】►►►

一、拓展能力

二手房销售的工作重心是要赢得市场，房地产经纪人员必须具备一定的市场拓展能力，才能更好地生存和发展。

二、协调能力

房地产经纪人员应当具备一定的组织协调能力，处理好买卖双方之间的关系，解决好交易过程中出现的各种问题。

三、判断分析能力

房地产经纪人员必须具备敏锐的分析能力，能发现市场需求，寻找市场空白与新的业绩增长点，同时不断学习以提升自己，这样才能使自己立于不败之地。

任何商品，价格永远必价值作为支撑点。

销售语录

四、沟通能力

一个成功的房地产经纪人员一定具有良好的沟通能力，通过热情、真诚的态度，让客户产生被尊重的感觉，从而实现与客户之间的顺畅沟通。交朋友比找客户更重要，不是每个人都能成为你的客户，但只要你付出诚意，每个人都有可能成为你的朋友。

五、专业能力

（1）熟悉二手房交易流程、售后服务的内容及公司的发展方向等。

（2）掌握二手房交易专业术语及地产行业知识，准确把握当地的房产动态和竞争对手的优劣势及可靠卖点等信息。

（3）了解客户的购买心理和特征。

情景再现

帮忙估一下这套房的价格

客户：小于，你帮我估一下，这套房子能卖多少钱？

经纪人：说实话，我没有看过房子真的是不好估价，给您估高了卖不掉，是对您的不负责任，估低了您又不开心。

客户：没关系啦，你是专业做这个的，你就给我估一下。

经纪人：那这样吧，我和您说一下刚刚卖掉的和您同一社区的房子，您参考一下。

客户：好，你说。

经纪人：（给他举两个相对典型、比较便宜的房子）那您感觉卖多少钱呢？（让他说些自己的心理价位）

客户：这价格太低了，我不会卖，我最低也要卖×××万的价格。你看看若有这样的客人就带过来。

经纪人：好的，交给我。

六、创新能力

一个优秀的房地产经纪人员首先应该成为房地产行业的专家，要精通二手房销售业务，必须接受系统、专业、严格的训练，这是成功的前提，也是首要因素。要从成百上千的销售人员中脱颖而出，就必须做到人无我有、人有我精，要体现你的专业化，要与众不同。可以模仿但不可以复制，也就是说必须要有创新的能力。

休闲小吧

哥伦布是15世纪著名的航海家。他经历千辛万苦终于发现了新大陆。对于他的这个重大发现，人们给予了很高的评价和很多荣誉，但也有人对此不以为然，认为这没有什么了不起，话中常流露出讽刺之意。

一次，朋友在哥伦布家中做客，谈笑中又提起了哥伦布航海的事情，哥伦布听了，只是淡淡一笑，并不与大家争辩。

他起身来到厨房，拿出一个鸡蛋对大家说："谁能把这个鸡蛋竖起来？"

大家一哄而上，这个试试，那个试试，结果都失败了。

"看我的，"哥伦布轻轻地把鸡蛋的一头敲破，鸡蛋就竖起来了。

"你把鸡蛋敲破了，当然能够竖起来了呀！"人们不服气地说。

"现在你们看到我把鸡蛋敲破了，才知道没有什么了不起，"哥伦布意味深长地说："可是在这之前，你们怎么谁都没有想到呢？"过去讽刺哥伦布的人，脸一下子变得通红。

点评

销售与哥伦布发现新大陆一样，结果出来后人们会评头论足，但是在这之前却没有人想到这一点，没有人去突破。所以努力研究销售规律，创新方法，其余的让别人去说吧，你只要能打动你的客户就行！

应具备的意识

【要而言之】▶▶▶

　　房地产经纪业的迅速崛起，使房地产经纪人队伍迅速发展壮大。但房地产经纪人素质不高严重制约了房地产经纪业的发展。从房地产经纪人发展情况看，需要强调八种意识。

【详细解读】▶▶▶

一、形象意识

　　房地产经纪人应当具有良好的社会公众形象，要随时注意自己的职业形象，在仪表、举止、礼仪、服务态度和社交艺术等方面，给客户以视觉上和感观上的好感。

二、公关意识

　　房地产经纪人要具有较强的公关意识，以真诚的态度、优质的服务、精湛的专业水准、良好的信誉去展示自己的优势，取得客户的信任。

三、市场意识

　　房地产经纪人面对的是一个具有开放性、区域性和特殊性的市场，处处都有商机，所以房地产经纪人必须具有不断拓展市场、随时捕捉商机和经营市场的意识。要学会运用市场学的诸种手段，当出现买方市场或卖方市场时，能采取有效的对策，做出正确的房地产经纪活动决策。

四、法律意识

房地产经纪人要善于运用法律武器来保证自身正当权利，并在法律法规的许可范围内开展房地产经纪活动。在签订房地产经纪合同时，要熟知合同条款，明确责、权、利，避免造成不必要的经济损失。

五、信息意识

房地产经纪人应当建立自己的市场价格行情，买卖客户的信息库，关注市场的行情变化，分析市场的行情趋势，学会运用互联网搜集、储存和处理各类准确及有价值的信息，为获得成功交易创造条件。

六、服务意识

由于房地产经纪人为买卖双方提供服务是从事房地产经纪活动的"资本"，房地产经纪人要想客户之所想，急客户之所急，在房地产经纪活动中切实做到热情服务、周到服务、真诚服务，千方百计地实现自己对客户的承诺，用真情去感动客户，用服务去赢得客户。

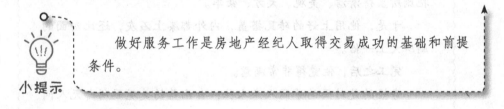

做好服务工作是房地产经纪人取得交易成功的基础和前提条件。

小提示

七、协作意识

二手房销售业务需要相互协作，包括同事之间、同行之间、与客户之间的协作，房地产经纪人在充分发挥个人潜能的同时，应当做好协作。

八、信用意识

房地产经纪人要以自身的诚实、守信、公平、高效而赢得供需双方的信任。

同时，房地产经纪人要具有相应的科技、文化素质，对经手的商品性能了如指掌，对自己房地产经纪服务的事项心知肚明，对市场价格还必须把握准确，才能游刃有余，决胜市场，获得房地产经纪交易的成功，为房地产经纪业务做大、做优、做强夯实基础。

休闲小吧

有一户人家，住在通往市镇的路上，以种菜为生，经常为肥料不足而苦恼。

有一天，他的儿子灵机一动："在这条路上，来往的人很多，如果能在路边盖一个厕所，一方面给过路的人方便；另一方面也解决了肥料的问题"。

他用竹子与茅草盖了一间厕所，果然来往的人无不称便，从此再也不用为缺肥而苦恼，青菜、萝卜也长得肥美。

路对面有一户人家，也以种菜为主，看了非常美慕，心想："我也应该在路边盖个厕所，为了吸引更多的人来上厕所，我要把厕所盖得清洁、美观、大方、豪华。"

于是，他用上好的砖瓦搭盖，内外都漆上石灰，还比对面的厕所大上一倍。

完工之后，他觉得非常满意。

奇怪的是对面的茅厕人来人往，自己盖的美观厕所却无人问津，后来问了过路人，才知道因为他的厕所盖得太美，太干净，一般人以为是神庙，内急的人当然是跑茅厕，不会跑神庙了。

点评

销售是有针对性地对客户所进行的工作，如果看到竞争对手采取了行动而自己缺乏周密的计划，仓促行动，即便所做的工作再完美也必然会导致失败。

应具备的礼仪

【要而言之】▶▶▶ ···

要想做好销售，首先要学会推销自己。良好的礼仪可以让房地产经纪人员显得更专业、更容易被客户接受。

【详细解读】▶▶▶ ···

一、仪态要求

1.坐姿

坐姿包括就座的姿势和坐定的姿势。在正式场合，不正确的坐姿会给人缺乏教养和傲慢的感觉，而优雅的坐姿则会给人留下良好的印象。具体要求如下。

（1）入座时轻而缓，女士若穿裙子应用手把裙子向前拢一下；坐下后上身挺直，目光平视前方或交谈对象。

（2）腰背稍靠椅背。

（3）两手掌心向下叠放在两腿之上，两腿自然弯曲。

（4）男子两膝间的距离以一拳或两拳为宜，女子则以两膝紧靠为宜。

（5）小腿与地面基本垂直，两脚平落地面。

2.站姿

正确的站姿是指站得端正、稳重、自然。要上身正直，头正目平，面带微笑，下颌微收，肩平胸挺，直腰收腹，两臂自然下垂，两腿相靠直立，两脚靠拢，脚尖呈"V"字形。女性两脚可并拢，肌肉略有收缩感。

站立时如全身不够端正、双脚叉开过大或随意乱动、无精打采、自由散漫，都会被看作不雅或失礼。

小提示

如果站立过久，可以将左脚或右脚交替后撤一步，但上身仍须挺直，伸出的脚不可伸得太远，双腿不可叉开过大，变换也不能过于频繁。

3.行姿

标准的行姿应当直行、匀速、无声，具体如下表所示。

标准的行姿要求

部位	具体要求
头正	双目平视，收颌，表情自然平和
肩平	两肩平稳，防止上下、前后摇摆。双臂前后自然摆动，前后摆幅30～40度，两手自然弯曲，在摆动中离开双腿不超过一拳的距离
躯挺	上身挺直，直腰收腹，重心稍前倾
步位直	两脚尖略开，脚跟先着地，两脚内侧落地，走出的轨迹要在一条直线上
步幅适度	行走中两脚落地的距离大约为一个脚长，即前脚的脚跟与后脚的脚尖相距一个脚的长度为宜。不过，不同的性别、不同的身高、不同的着装，对步幅的要求都会有些差异
步速平稳	行进时应保持匀速，不要忽快忽慢。在正常情况下，步速应自然舒缓，以显得成熟、自信
警惕不良姿态	行走时要防止八字步、低头驼背。不要摇晃肩膀、双臂乱甩、扭腰摆臀、左顾右盼，脚不要擦地面

4.蹲姿

正确的蹲姿：弯下膝盖，两个膝盖应该并拢，不应是分开的，臀部向下，上体保持挺直。

5.表情

表情是指眼神、笑容、面部肌肉的动作，人的表情主要是通过眼神和笑容体现出来的。

（1）目视对方。要注意养成一个习惯，就是"目中有人"。在日常的工作和与人交流的时候，要养成注视对方的习惯。

（2）微笑。微笑可以传达温馨、亲切的感觉，能有效地拉近双方的距离，给对方良好的心理感受，从而营造融洽的交流氛围。

二、仪表要求

1.男士仪表要求

对男性房地产经纪人员来说，其仪表要求如下图所示。

上衣	男士着装，经典白色衬衫永不过时，而蓝色衬衫也是男士的理想选择，能体现出智慧、沉稳的气质；不要穿新西装去参加重要活动，七八成新的服装最自然；衬衫和外套要熨烫整齐
裤子	裤子长度以直立状态下裤脚遮盖住鞋跟的3/4为佳；不要将钥匙、手机、零钱等放在裤袋中
鞋袜	皮鞋尽量不要选择给人攻击性感觉的尖头款式，方头系带的皮鞋是最佳选择；袜子最好和鞋、裤子同色系，切忌黑皮鞋配白袜子
衣服搭配	每天穿衣出门前检查一下自己的着装，看看颜色搭配是否合理，领带和衬衫及西装的颜色是否协调；冬天的时候尤其注意，很多男士喜欢在衬衫里面再穿一件内衣御寒，内衣的领子一定不要露在衬衫外面让人看出来；西装上衣和裤子一定要搭配成套，不要上衣是黑色，裤子是深蓝色，更不要上衣是西装，裤子是牛仔或者休闲裤；不要运动鞋配西装
发型	男士发型要大方，不能留过耳长发或遮挡额头的发型
气味	浓重的体味、口臭属大忌，上班时间或上班前不要吃大蒜
胡子	每天刮胡子

男士仪表要求

2.女士仪表

对于女性房地产经纪人员来说，穿衣打扮应符合本人的个性、体态特征、职位、企业文化、办公环境，要学会搭配衣服、鞋子、发型、首饰、化妆，使之完美和谐。女士仪表要求如下图所示。

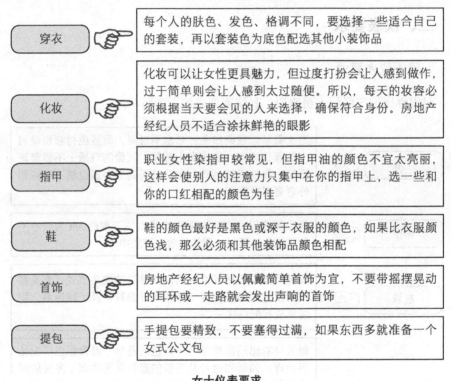

穿衣	每个人的肤色、发色、格调不同，要选择一些适合自己的套装，再以套装色为底色配选其他小装饰品
化妆	化妆可以让女性更具魅力，但过度打扮会让人感到做作，过于简单则会让人感到太过随便。所以，每天的妆容必须根据当天要会见的人来选择，确保符合身份。房地产经纪人员不适合涂抹鲜艳的眼影
指甲	职业女性染指甲较常见，但指甲油的颜色不宜太亮丽，这样会使别人的注意力只集中在你的指甲上，选一些和你的口红相配的颜色为佳
鞋	鞋的颜色最好是黑色或深于衣服的颜色，如果比衣服颜色浅，那么必须和其他装饰品颜色相配
首饰	房地产经纪人员以佩戴简单首饰为宜，不要带摇摆晃动的耳环或一走路就会发出声响的首饰
提包	手提包要精致，不要塞得过满，如果东西多就准备一个女式公文包

女士仪表要求

销售冠军
成长记系列

二手房销售从入门到精通
从目标到业绩的高效销售技巧

第三章
房源开发与推广技巧

导言

　　对房地产经纪机构而言，最重要的资源莫过于房源，门店有了房源才可以向有购买需求的客户进行推销。所以，房地产经纪机构往往非常重视房产经纪人的房源开发能力，如果一个经纪人掌握了成体系的房源开发技巧，那他才能取得店长的信任与客户的认可。

Sales

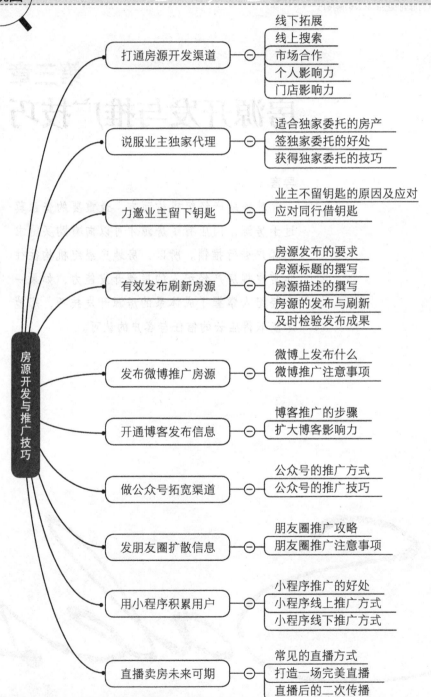

本章
导视图

房源开发与推广技巧

打通房源开发渠道 ⊖
- 线下拓展
- 线上搜索
- 市场合作
- 个人影响力
- 门店影响力

说服业主独家代理 ⊖
- 适合独家委托的房产
- 签独家委托的好处
- 获得独家委托的技巧

力邀业主留下钥匙 ⊖
- 业主不留钥匙的原因及应对
- 应对同行借钥匙

有效发布刷新房源 ⊖
- 房源发布的要求
- 房源标题的撰写
- 房源描述的撰写
- 房源的发布与刷新
- 及时检验发布成果

发布微博推广房源 ⊖
- 微博上发布什么
- 微博推广注意事项

开通博客发布信息 ⊖
- 博客推广的步骤
- 扩大博客影响力

做公众号拓宽渠道 ⊖
- 公众号的推广方式
- 公众号的推广技巧

发朋友圈扩散信息 ⊖
- 朋友圈推广攻略
- 朋友圈推广注意事项

用小程序积累用户 ⊖
- 小程序推广的好处
- 小程序线上推广方式
- 小程序线下推广方式

直播卖房未来可期 ⊖
- 常见的直播方式
- 打造一场完美直播
- 直播后的二次传播

打通房源开发渠道

【要而言之】▶▶

　　房源是房地产经纪机构的根本，是经纪人赖以生存的经济基础，是服务客户的开始。房地产经纪人应全方位打通房源开发的渠道，为自己以及门店获取更多资源。

【详细解读】▶▶

一、线下拓展

　　线下拓展，是传统房产中介最常用也是最为精通的房源开发技巧，这其中分为跑盘、贴条等。

1.跑盘

　　顾名思义，跑盘就是通过线下探访的方式对附近楼盘进行摸底、寻访，多和小区的门卫、物业沟通，或是参加社区内部的社区活动，了解附近待售的二手房源，结识有相关需求的业主，并及时跟进。

2.贴条

　　贴条相比跑盘而言是一种更强调覆盖量的房源开发技巧，指的是房产经纪人通过在社区内人流聚集区张贴海报、易拉宝等方式，吸引业务主动上前了解；或是通过分发名片、单页，让有需要的业主可以通过电话联系自己。

 **情景再现**

去业主家里询问房源

（1）您好，不好意思打扰您了，我是××房产公司的经纪人，这是我的名片，听说您的房子可能考虑出售，我这正好有个客户想要这样的房子，您打算卖多少钱呢？

（2）您好，不好意思打扰您了，我是楼下的××房产公司的，我带客户看咱家楼下的房子，但是业主有事耽搁了，客户马上就要到了，您的房子方便让我们看一下吗？客户就要这种户型的房子，价位可以商量。

（3）您好，我这有个客户说看过您的房子，比较满意，特意委托我过来落实一下细节。

（4）我在楼下看到××房地产公司的经济人带客户看您的房子，正好我这也有这样的客户，我想先了解一下您家的房子，不知道您现在方便吗？

（5）您好，张先生，打扰了，我有一个客户找了很久，就想要咱们这个小区的房子，不知道您的房子现在是什么情况？

（6）您好，我是您家楼下××房产公司的，现在有客户想买您家的房子，能接受您开出的价格，您是否考虑出售？

二、线上搜索

随着互联网技术的发展，越来越多的业主也会通过互联网平台公示自己的房源，所以房产经纪人也可以通过线上搜索的方式，进行房源开发。

1.门户网站

很多同城信息交易网、同城论坛以及房产垂直交易网站，都支持业主主动上传房源资料。房产经纪人可以通过搜索引擎，搜索楼盘关键词进行查访，并通过业主留下的联系方式第一时间联系业主，争取将其签为独家。

2.社交媒体

除了门户网站外，社交媒体如今已经成为人人必备的互联网工具，所以房产经纪人可以尝试加入附近楼盘的业主群、物业报修群甚至是二手商品交易群，通过社交媒体的方式直接接触到楼盘业主，并通过消息推送、朋友圈动态，收集开发二手房源。

三、市场合作

1.同行合作

处在同一市场范围内的中介门店往往不一定只有竞争关系，也可以通过同行合作的模式进行房客源匹配。

比如，A门店有房源但是没有合适的客户，B门店有合适的客户但是没有合适的房源，那么两家通过同行合作、促进交易成功的话，双方都可以获益。

2.相关行业合作

除了同行合作，中介门店也可以选择与房产相关行业合作，例如家装、家具以及保洁家政，这些都是与业主息息相关的服务行业，房地产经纪人员在日常的跑盘、分发名片时，也会遇到有相关需求的客户。那么双方完全可以进行业务联动，同样不失为一种高效的房源开发模式。

四、个人影响力

一些人在成为房产经纪人之前，就在社区附近具有相当大的知名度，那么这些人通过熟人、朋友转介绍，就可以获得很多房源委托。

比如，一个在菜市场做面食的店主，同时兼任房产经纪人，通过热情的服务态度与良好的个人口碑，经常会收到附近社区业主的房源委托。

五、门店影响力

当然，大部分房产经纪人更依赖于中介门店自身的影响力，一家装修光鲜的门店，往往可以给房地产经纪人员带来可观的门店房源委托；在这种情况下，房地产经纪人员只需认真做好门店接待，与业主建立信任关系，即可完成房源开发。

休闲小吧

家门口有一条汽车线路，是从小巷口开往火车站的。不明白是因为线路短，还是沿途人少的缘故，客运公司仅安排两辆中巴车来回对开。

开101号的是一对夫妇，开102号的也是一对夫妇。

坐车的大多是一些船民，由于他们长期在水上生活，因此，一进城往往是一家老小。101号的女主人很少让孩子买票，即使是一对夫妇带几个孩子，她也是熟视无睹似的，只要求船民买两张成人票。有的船民过意不去，执意要给大点的孩子买票，她就笑着对船民的孩子说："下次给带几个小河蚌来，好吗？这次让你免费坐车。"

102号的女主人恰恰相反，只要有带孩子的，大一点的要全票，小一点的也得买半票。她总是说，这车是承包的，每月要向客运公司交多少多少钱，哪个月不交足，立刻就干不下去了。船民们也理解，几个人掏几张票的钱，因此，每次也都相安无事。但是，三个月后，门口的102号不见了。听说停开了，它应验了102号女主人的话：立刻就干不下去了，因为搭她车的人很少。

点评

忠诚顾客是靠感情培养的，也同样是靠一点一点优惠获得顾客的忠诚的，当我们固执地执行我们的销售政策的时候，我们放走了多少忠诚顾客呢？

说服业主独家代理

 【要而言之】▶▶▶ ···

很多经纪人都希望独家委托某个业主的房源，因为这样既独家代理形成了壁垒的竞争优势，又方便与业主沟通，可以加强联络。那么怎么可以说服业主独家代理他的房源呢？

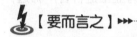 【详细解读】▶▶▶ ···

一、适合独家委托的房产

（1）价格合理，需求旺盛，房主售房目的明确，房主配合，看房方便。

（2）价格虽高些，但需求旺盛，房主售房目的明确，房主配合，看房方便。

（3）价格便宜，户型好，楼层好，区位一般。

（4）价格虽高些，但户型好，楼层好，年代较新，如果年代老，区位好，楼层及房型好，也是签独家委托的对象。

（5）价格合理，房主售房目的明确，房主配合，看房方便，房产位置离公司不是太远。

二、签独家委托的好处

房地产经纪人员要让业主理解签独家委托的好处，具体如下。

（1）省时、省力。由多家公司代理无效客源多，多个客户看房浪费业主时间和精力。

（2）安全、放心。独家代理少了许多中间环节，业主只与一个人联系，增加了安全性，也更放心。

（3）利益保障。多家代理时，中介公司为了争取成交往往会首先牺牲业主的利益。独家委托，代理方会给业主一份合理的实际成交价格，并维护业主的利益。

（4）快速成交。经纪人会全心全意为业主服务，独家委托的房产优先打精品广告，并由代理方代为有效推销，增加成交概率。

（5）客户筛选。独家委托的房产，经纪人在带看前会为业主进行客户筛选，筛选后的意向客户才进行带看。

（6）便于操作。如果房产在很多家都登记出售，若代理方引导不好，会给客户造成一种感觉"是不是该房产有什么问题，要不怎么这么着急卖，登记了这么多家？"

 **情景再现**

说服业主签独家委托的话术

（1）签订书面的委托，是得到您的授权，这样我们才会有资格帮您卖您的房子。口头委托其实是对您的不负责任，有了您的书面授权，才能有该套房子的合同编号，您的房子才能输入我们的电脑销售系统，这样我们就可以帮您上橱窗，上报纸广告，而且输入电脑销售系统后不光我知道您有此套房屋出售，其他同事也可以在系统上查到此房出售的信息，甚至其他分行同事也可以看到，这样您的房屋销售的面就广了。

（2）通过书面的形式明确双方的责、权、利，对您、对我们都是一个保障。其实您关心的是在短时间内帮您达成售房的心愿，我们的初衷跟您是一致的。在委托期间内您也可以随时行使您的委托撤销权利，只需要您给我们打一个电话就可以。所以您看，根本就不存在什么所谓的"套"。

三、获得独家委托的技巧

业主拒绝中介代理不外乎两个原因：一是对房地产中介公司不信任；二是想省下中介费用。因此，房地产经纪人在与业主交流的时候，可以从以下三个角度来说服对方。

首先，让业主相信你的公司是正规的大公司，操作非常规范，能够保证交易的安全性，解除业主的后顾之忧。

其次，向客户举例说明"跳过"中介自行交易的不利和风险。二手房市场和一手房市场不同，买方和卖方大多数是非专业人士，而二手房交易需要办理许多手续。一旦跳过中介，买卖双方就必须亲自去处理这些事务，会消耗很多的时间和精力，不但会降低交易的效率，还很有可能一不小心落入一些交易陷阱。

最后，向客户说明通过中介代理能够带来的好处和利益。比如公司推广渠道多样、客源丰富，能够以更快的速度、更高的价钱将房子卖出去，还可以用帮助做卫生、打广告、重点推荐等额外利益来吸引业主。

如果谈到最后业主依旧表示要自行销售，为给业主留下一个好印象，也为了给自己留一条后路，房地产经纪人应向业主表示，自己在二手房销售方面比较专业，如果业主有什么不懂的地方，可以随时打电话来询问，自己会为其提供一些有价值的信息。这样，业主会对你产生好感，说不定以后就委托你卖房了。

 **情景再现**

用信任赢得客户好感而获取房源

经纪人："王小姐，我在网上看到您有一套××小区的房子要出售，想跟您了解一下具体情况，可以吗？"

业主："你说吧。"

经纪人："请问您的房子多大面积？在几层？"

业主："138平方米，三室两厅，11层。"

经纪人："可以看得到××山吗？"

业主："可以。对了，你是不是中介啊？"

经纪人："王小姐，您可真厉害，一下就能听出来。是的，我是××房产的小张。"

业主："对不起，我没有打算找中介。"

经纪人："王小姐，是这样的。我是××房产的高级经纪人，已经从业

3年，我们公司一直秉承诚信经营，是一家互联网中介，可以把您的房子包装成有视频的精美的房源，发布到微信等各大平台，在我们公司委托的宣传力度相当于找20家中介委托，有足够的客户看到您的房子。有意向的客户先通过视频就可以身临其境地了解您的房屋信息，帮助他们快速做决断。凡是我带着到您家看房子的客户已经是线上通过视频看过很多次的，非常有意向的，保证能以最快的时间帮您把房子卖出去，而且还不会经常打扰到您。"

业主："算了，现在的中介都不可靠，听说很多中介还赚差价。"

经纪人："王小姐，我想您可能是对我们中介行业有所误解。确实有些中介存在赚差价的行为，但我们公司是市十佳中介之一，至今还没有出现过客户投诉的事件。而且我从业3年，相对来说经验还是比较丰富的，你们小区3号楼502就是我帮忙卖出去的。"

业主："哦，是吗？可是我还是觉得不够放心，还是自己卖好了。"

经纪人："其实，委托中介卖房对于您来说还是很有好处的。我们可以更快地帮您卖出房子，可以为您节省时间和精力……另外，二手房交易手续挺烦琐的，如果不交由专业人士处理，很可能会出现一些风险。前几天报纸上还刊登了一条新闻，说一位业主自行将房子出售，由于对相关法律法规不熟悉，结果最后出了问题。"

业主："听你这么一说，我还真有些担心，那我什么时候去你们公司看看？"

经纪人："好的。您看是明天上午还是明天下午？"

业主："最近比较忙。"

经纪人："好的。王小姐，这样的，我给您微信发一个链接，互联网公司肯定也配备了企业微店，您可以直接在手机上完成房源登记，非常方便，而且关注我们公众号也可以进一步了解我们公司。当然您实在不放心，最好还是到公司看看。"

业主："好的。我的微信是××"

经纪人："好的，我马上加您微信。"

业主："好的。"

业主不愿意委托中介卖房，主要是对中介行业不了以及由此产生的不信任。作为一名房地产经纪人，首先要用真诚的话语博得客户的好感。接下来再帮客户分析委托中介买卖房产的好处，只有博得了客户的信任，才能使得面谈甚至委托成为可能。

休闲小吧

小刘参加过一次面试，进入最后二选一阶段。公司总经理没有提问，而是带着小刘和对手去另一家公司签单。离要去的公司只有一站路，总经理建议乘公交车去，并递给每个人5角钱，叮嘱每个人只买自己的票。

票价是4角，因缺少零钱，公交车的乘务员已经养成了收5角不找零的习惯，小刘也便没有索要应找回的1角钱，总觉得为1角钱开口，太丢面子。没有想到，小刘的对手却向乘务员索要找零。乘务员轻蔑的眼神如刀般切割了小刘的对手几眼，才递出1角钱，一旁的小刘幸灾乐祸地想，对手的"财迷"表现，或许将让他落败。到站后下车，总经理拍着对手的肩："你被聘用了——只有懂得坚持自己权益的人，才能够维护公司的利益"。

点评

"只有懂得坚持自己权益的人，才能够维护公司的利益。"当我们想到这句话的时候，是否应检视一下自己的行为呢？

力邀业主留下钥匙

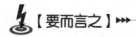

【要而言之】▶▶

二手房屋中介，钥匙盘越多，就越有利于成交，一是钥匙盘看楼容易，二是钥匙盘容易制造多人看楼场景，三是钥匙盘可以立即带看，然后送顾客上车，避免顾客进入同行店铺，减少竞争。

【详细解读】▶▶

一、业主不留钥匙的原因及应对

个别业主在放盘的同时，会主动留下钥匙，但并不是每个业主都放心留钥匙在房屋中介公司。所以如果放盘单位是空房的话，房地产经纪人员应尽量要求业主留下钥匙给本公司，方便带客看房。

通常业主不留钥匙的原因如下。

1.出于安全考虑

大多业主在这个方面考虑很多，觉得把钥匙给了别人，自己就失去了控制，会带来不安全。另外也是由于缺乏信任，不敢把钥匙给房屋中介公司。因为也真的出现过，个别经纪人拿到钥匙后，就住到业主家里的现象。

所以，针对这样的业主，房地产经纪人员还是要帮助业主建立对我们的信心。

比如，宣传企业形象；建立良好的个人形象；用专业度增强顾客信心；通过接触增强感情；告知公司收钥匙流程和保管钥匙的相关规定，让其放心。

2.觉得多此一举

因为业主不知道钥匙放在中介公司的好处，所以他们并不觉得有必要这样做。因此，房地产经纪人员应该很好地向业主说明，放钥匙在中介公司对业主的益处，举例说明优势。再说明他多次看房往返路程和时间的付出，让业主体会不断看房的麻烦，打消他多此一举的想法。

3.已经放到其他公司

听到这个消息应该值得高兴，最起码说明业主还是能够接受放钥匙在中介公司的这种行为。所以经纪人应该趁热打铁，询问业主是否可以复制，并留一套钥匙在本公司。

另外，经纪人还应该大力宣传本公司的实力，看是否能有机会让业主从其他公司那拿回钥匙，只放在我们这边。

4.室内贵重物品较多

如果业主强调室内贵重物品较多，经纪人一定要慎重。要跟业主确定是哪类贵重物品，是否可以拿离房屋。如果业主可以将贵重物品带离房屋，经纪人便可以向业主发出拿钥匙的请求；如果业主不便拿走，物品又真的很贵重，如古董，经纪人则不要强求业主把钥匙放到公司或和业主亲自清点房屋物品并且签字。

5.有人还在住

如果业主本人或其他人还在屋内居住，则不建议经纪人留钥匙。

 **情景再现**

如何拿到空房子的钥匙

经纪人："李小姐，我问一下，您的房子目前是空着，还是自己住？"

李小姐："空着，好久没住了，怎么啦？"

经纪人："既然空着，我建议您把钥匙放一把在我们这边，我们会给您开张公司的收条。"

李小姐："那不行，钥匙怎么能随便给你们呢？"

经纪人："其实，我们也非常理解，您可能目前还不太相信我们公司，您看我们一抽屉都是钥匙，而且有几套都是刚刚装修好的，设备都齐全，业主原来也不同意，看了几次房子都不是很方便，有时是中午、有时是晚上。您也知道，大多客户白天一般都上班，没什么时间，只有中午、晚上或者周末才有空，因此房子在我们这两三个月还没看几个客人，后来有业主上周把钥匙拿过来，我们帮他重点推荐了一下，现在就有个客户谈得差不多了，所以我建议您把钥匙放这边，大家也比较方便，您觉得呢？"

　　李小姐："那我考虑一下，回去和家人商量一下。"

　　经纪人："我们真的很希望您将钥匙能放在我们这边，一方面确实方便我们的带看，提高效率；另一方面据我们统计，一般一套房子要带看二十至三十个客人才能成交，如果有钥匙的话，我们能更有效地为您带客户，也不会打扰您，等有客人价格出得差不多时，再打电话通知您，到时您只要过来签一下合同就行了，您看把钥匙放我们这里多方便呀。"

　　李小姐："好了，好了。你说的也蛮有道理的。那就先放你这一段时间。"

销售语录

聪明人创造机会，成功者把握机会，买房子也一样，看好了就定下来就是抓住机会。

二、应对同行借钥匙

　　如果同行来公司借钥匙，不管借还是不借，房地产经纪人员都要以良好的态度来对待，并且与业主核实。

　　对同行借钥匙的处理方法一般有两种，具体如下表所示。

对同行借钥匙的处理方法

处理方法	要求	具体操作要领
不借	不借的话，一定要有一个好的理由来回绝他，如钥匙被其他同事拿去看房了，或经理不在钥匙不能私自外借，或管理钥匙的人不在等，并致以歉意	可以把同行请到店里，像客户一样对待，给他倒水，然后打电话给业主，问业主是不是有别的地产公司人员过来借钥匙，待其确认后再根据实际情况回绝该同行
借	若借的话，一定要查看借钥匙人的名片、身份证等证件核实对方身份，看房时一定要有两人以上陪同，保管好业主家的物品，关好水电和门窗	可以让暂时没事做的同事帮忙，陪对方去开门，但钥匙不能交到对方手中，以避免对方私自配钥匙

休闲
小吧

有一个会吹箫的渔夫，带着他心爱的箫和渔网来到海边。他站在一块岩石上，吹起箫来。他想音乐这么美妙，鱼儿自己就会游到他的面前来。他聚精会神地吹了好久，连个鱼儿的影子都没有看见。他生气地将箫放下，拿起网，向水里撒去，结果捕到了很多鱼。他将网中的鱼一条条扔到岸上，看到活蹦乱跳的鱼，渔夫气愤地说："喂，你们这些不识好歹的东西！我吹箫时，你们不跳舞，现在我不吹了，你们倒跳起来了。"

鱼说："是我们对你美妙的箫声不感兴趣啊！"

点评

销售是针对目标客户运用销售策略的过程。选择什么样的目标客户作为销售对象，并且针对这些客户选择什么样的销售策略非常重要。销售人员销售不成功的一个重要原因可能就是做事不看对象。

有效发布刷新房源

【要而言之】▶▶▶

对于房地产门店和经纪人来说，找到了房源还只是开始，还要把找到的房源发布出去，让有需求的客户看到才行。

【详细解读】▶▶▶

一、房源发布的要求

房地产经纪人员在网站放盘，没办法直接了解客户的需求，但是可以通过总结客户买房、租房的一些心理特点，进而投其所好来吸引客户。

比如，最近因为市场比较淡，投资者虽然"按兵不动"，但他们却一直在关注楼市。房地产经纪人员就可以抓住其这一心理特点，在推介盘源时尽量突出经济、实惠、升值空间大的特点，再加上一些详细的盘源介绍、信息和图片，自然能吸引住客户。

一般来说，在网站上发布房源，应遵循下图所示的要求。

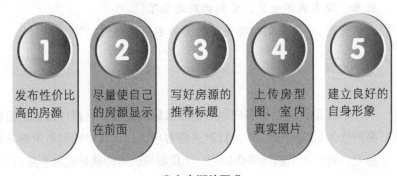

发布房源的要求

1.发布性价比高的房源

所谓性价比高的房源就是人们日常所说的"物美价廉"的房源，即地段、房型、朝向、小区环境好一点，价格适中、便宜或是比较合理的房源。性价比越高的房源，其点击率就越高，卖出的概率也就越大。所以在发布房源的时候其性价比越高，对客户的吸引力就越强。

2.尽量使自己的房源显示在前面

发布优质多图的房源，充分合理地利用推荐次数和刷新次数，使自己的房源能排在同类型会员发布房源的前边。

> 小提示
>
> 房地产经纪人员每天上班一打开电脑，就尽量多地上传近几天的新盘，多多益善。这样，不管网页怎么刷新，客户都能在第一页看到你推的房源。

3.写好房源的推荐标题

因为标题直接显示在房源显示列表里，所以吸引人的推荐标题往往是增加房源点击率的关键。要写好标题，首先需要全面深入地了解每套房子，然后挖掘出每套房子的特别之处，再把这些优点写在标题里，如"今日阳光24小时地热，带花园，价格便宜"。

4.上传房型图、室内真实照片

客户上网找房子或是发布房源信息，注重的就是网络的高效性，足不出户又能"房"比三家，这也正是网上店铺的魅力所在。上传相关的实景照片，不仅能让客户对该房源有更为直观的了解，而且也是你专业素质和对待客户的诚意体现。

5.建立良好的自身形象

一张面带笑容、身着正装、画面清晰的个人照片不仅是专业的体现，而且能拉近与客户的距离，便于接触到更多的客户。

二、房源标题的撰写

1.房源标题撰写原则

（1）言简意赅，通俗易懂，标题字数合适，一般不超过30个字。

（2）房源要真实，不要做纯粹的"标题党"。

（3）深入了解该房屋的核心优势，突出核心优势，吸引客户点击。

（4）多考量客户最关心的性价比、地段、周边配套、升值潜力等因素。

（5）多用数据和数字，数据和数字更能吸引人关注。

2.房源标题的写法

一般房源标题分为以下几种。

（1）直言式标题。这种标题开宗明义，点明了房子情况，不玩文字游戏、隐喻或双关语。

比如"××小区95平方米精装修仅售××万元"。

（2）暗示式标题。婉转暗示的房源标题不直接做推销，而是先勾起好奇心，然后通过广告内文解答读者的疑惑。

比如"三百万元买一套房子，你应该看看这套"。

（3）"如何"式标题。无论在广告标题、杂志文章或是书名当中，"如何"都有其神奇效果。"如何"开头的标题，等于承诺了提供具体的信息、有用的建议，以及问题的解决之道。

比如"如何用三百万元买到性价比很高的房产？""80平方米的房子，是如何做出'三房'的？"

（4）命令式标题。这类标题直接告诉购房者该怎么做，并用这种方式创造销售，这类标题的第一个字应该是明确的动词，要求读者做出行动。

比如"马上下单，成为今年门店的第一百个购房者，好礼相送"。

（5）见证式标题。此类标题，如同你的顾客在帮你卖产品。标题像出自某位顾客的口述，并借由标题与内文的重点文字来暗示读者，自然通俗的口吻能够强化见证的可信度。

比如"在×××买房，我买到的不只是一套房子"。

三、房源描述的撰写

1.房源描述撰写原则

（1）了解发布网站的发布规则，不违规。

（2）房源描述条理要清晰，既让客户看起来更直观，又体现经纪人的专业。

（3）描述要专业，让客户信任你，不要把文字写的像口述一样。

（4）加强服务意识，站在客户的角度考虑问题。

（5）房源描述要抓住要点，表达房源内在特点，突出重点，切记广告。

2.房源描述应包括的内容

一般房源描述包括以下内容。

（1）地理位置说明。地理位置要讲明，交通路线（首发站—房源所在地—途经重要站点—终点站）要详细介绍。

（2）小区介绍。小区特色包括小区环境、交通、配套生活设施、停车场等方面，要简洁明了，要以经纪人专业的眼光对其优势进行分析解读。

（3）房屋情况介绍。房屋情况包括房源业主出售该房心态、原因、房源面积、房源房龄、房型、楼层、位置、景观、装修、房源价格分析、总价、单价等。

四、房源的发布与刷新

房地产经纪人应充分利用自己的刷新权限，尽量使自己的房源显示在前面，房源排得越靠前，客户点击越多。客户输入搜索条件搜索房源时会出来很多页，而他们一般只看第一、二页，所以你的房源是不是排在最前面很关键。

1.刷新时间

现在有很多的经纪人借助房源群发软件来刷新房源。有时，经纪人没有时间去做到定时刷新，就可以借助房源软件来预约刷新房源，提前设置好刷新的时间，到时就会自动刷新。

刷新的时间设置尽量不要选择为整点，因为很多网站的默认刷新时间都是整点的，在整点会出现大量的房源。经纪人可以设置在整点的前几分钟，比如早上的9:50，能够避开刷新房源高峰期。时间间隔选择大于30分钟以上，一般都选择60分钟。

2.刷新条数

要坚持每天都要刷新，而且刷新量都要用满，尽可能多地增加房源刷新的次数。最佳的刷新方式是"少量多次，分布全天"，这样既用完了每天的刷新量，同时分散在各个时间段刷新，可以让不同时间段的客户都能看到，提高了展示的效率，才会有事半功倍的效果。

五、及时检验发布成果

房地产经纪人发布房源信息后，要及时检验发布效果，看看是否做到位。经纪人可以从以下几个方面入手。

1.看所发房源在网站上的位置

经纪人可以随意浏览一下网站，看自己的房源在网站的排名，房源是否出现在首页，是否出现在靠前位置。

2.看同行发此类房源的信息描述

经纪人在发布房源信息时，可以注意看一下同行在发布房源信息时是怎么发布的，看看排名靠前的房源信息描述，总结经验。

3.看房源的点击量

房源的点击量反映了房源的曝光度，房源标题吸引客户点击房源，能够反应客户对你的房源信息是比较感兴趣的。

4.看客户的来电量

客户的来电量直接反映了经纪人发布房源的效果。来电量多，说明房源发布工作做到位了。

经纪人按照以上几点发布房源，当有很多客户集中打电话来咨询时，经纪人可以记录客户的联系方式，稍后再做进一步的跟进。一定要及时地回访客户，了解客户的意向，然后匹配适合的房源信息。

休闲小吧

十二只兔子涉水过一条小溪。到达对岸时，最年长的兔队长便开始点数，唯恐遗漏。

"一只，两只，三只……"它数了几次，总是少了一只。

"奇怪？刚才还没有过河时，明明是有十二只的，怎么现在却少了一只，难道一只被水冲走了？各位，帮忙数一数好不好？"

兔子们听队长这一说，便来数了。但数来数去，都是十一只。

它们都开始紧张起来。此时，有名牧童走过，见到这情景，大笑起来。

那兔队长便生气地说："你笑什么？我们在着急，你却帮也不帮，还在笑！"

那牧童说道："你们明明是十二只，但你们的眼睛只看别人，不看自己，所以数来数去，只有十一只啦！"

点评

在繁忙而复杂的销售工作中，有些销售人员总是以两只眼睛来看其他人，如主管、下属及客户的错误，这个不好，那个不是，可是为什么不瞧瞧自己呢？

发布微博推广房源

【要而言之】▶▶▶

　　房地产经纪人可利用微博向网友传播企业信息、产品信息，以此来树立良好的企业形象和产品形象。每天更新内容就可以跟大家交流互动，或者发布大家感兴趣的话题，这样来达到推广的目的。

【详细解读】▶▶▶

一、微博上发布什么

　　对那些想真正提供优质服务的房产经纪人来说，把业务"搬上"微博，通过微博直接展示客户的评论，更容易形成良好的口碑，建立自己社会化的服务品牌，形成自己的核心竞争力。那么，在微博上可以做什么呢？

销售语录　　*我不敢说你今天不买这套房子就没有了，但我敢说你下次过来未必还有你满意的房子。*

1.发布供需双方的信息

　　可在微博上发布相关的房源信息，比如面积、楼层、价格等。下图所示的是××房地产机构经纪人在个人微博上发布的信息。

房源信息发布微博截图

2.微博中介联盟

出于资源共享、客户共享等原因，线下的中介，常常结成中介联盟，在微博上，中介依然可以形成中介联盟，利用微博实时、快速、互动性好等特点，使联盟共享更有效率。

3.咨询与问答

通过微博解答客户问题，寻找商机。可通过私信，也可通过建立微群，还可通过微博公告，提示客户可通过"@自己"，提出问题，进行实时解答。

比如，在腾讯微博@房客多："请问房客多的房源分享到微博是什么意思？分享微博的意义是什么？@房客多"那么房客多立刻就会收到信息，马上进行回复！

4.适当发布知识性内容

很多客户在寻找中介之前，都对其要进行的相关业务缺乏必要的操作常识，经纪人可以通过微博，适当发布这些常识。

比如，二手房交易流程，二手房贷款注意事项，如何不上"黑中介"的当等。

下图所示的是中原地产在微博上发布的知识性内容。

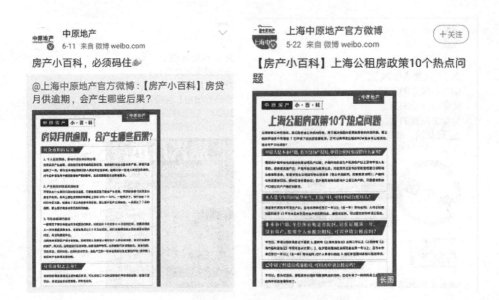

中原地产微博推广截图

二、微博推广注意事项

房地产经纪人进行微博推广时，要注意以下几个问题。

（1）不要一上来就进行信息"轰炸"，这会使人反感，要根据"粉丝"的数量，逐步增加信息的发布量。对每日发布的信息总量，要进行动态控制。

（2）要了解微博营销是一个缓慢的过程，不能急功近利，先可以把微博当成一个发布窗口，一个可以主动挖掘新客户的地方，前期以沟通为主，业务为辅，不要急于跟每个人都一上来就谈业务，只要是同城的，先认识一下就好，给对方留个印象即可，有需求时，客户会主动上门。

（3）切忌乱发广告，微博营销的核心在于先交朋友，后发展业务，最终通过口碑来获得客户的真正认同。一上来就发广告，必然会引起多数人反感，得不偿失。

（4）一定要避免微博营销陷入误区，只有准确地认识了微博活动营销这种新兴网络营销模式，真正有目的、有针对、有规划地将企业和产品信息传递给消费者，让企业拥有真实、庞大的忠诚"粉丝团"，才能真正将营销活动的利益落到实处，从而更好地利用微博活动营销的优势为企业的发展推波助澜。

开通博客发布信息

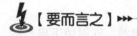【要而言之】▶▶▶

现在很多门户和房地产行业网站都有博客功能，经纪人可以免费建立起一个个人博客，作为自己发布信息和形象展示的窗口。

【详细解读】▶▶▶

一、博客推广的步骤

1.选择房产门户和本地网站

建立个人博客最好是选择房产门户和本地网站，以更好地发挥博客的作用和影响力。

2.上传内容

在正式推出博客之前，一定要发布大量的房源，最好有房源实拍图片，这样更吸引人。房源的介绍要详细，不能几室几厅、多少平方米就完事。不要简单地抄袭网上现有的，最好是用一个经纪人专业的眼光对其进行分析。

二、扩大博客影响力

博客和网页建好了，经纪人接下来就要学会扩大自己的影响力。具体方法如下图所示。

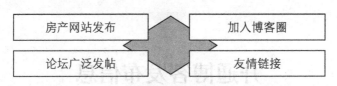

扩大博客影响力的方法

1.房产网站发布

在各网站上广泛发布房源信息，要挑让客户感兴趣的房源，同时留下自己的博客网址。经纪人在发布信息时，一定要掌握正确的方法。

比如，"搜房帮"需要逐条更新，同时发布日期也会更新，所以更新的时候要有选择，挑出重点推荐的房源更新。

2.论坛广泛发帖

门户网站、垂直网站、专业网站上有大量的论坛。经纪人可以发布一些有趣实用的内容，宣传自己的博客或主页。

很多论坛发帖都有一个签名，经纪人可以在签名中介绍自己的从业生涯、优势、联系方式和博客网址，需简短而有吸引力。

3.加入博客圈

很多门户网站或者房产专业网站的用户都有自己的圈子，加入这些"大家庭"，可以迅速提高知名度。经纪人可以加入这些网站用户的QQ群、微信群，积极聊天，充分展示自己，让更多的人来到空间或者博客。

比如，在群里发一个比较醒目的题目，给出链接地址，引导人们到你的博客去看。

4.友情链接

与一些有影响的博客或者网站做友情链接，或者经常在一些有影响力的博客上面留言，然后附上自己的博客地址和简介。

做公众号拓宽渠道

【要而言之】 ▶▶▶

在当下这个微信普及的移动互联网时代，房地产经纪人员利用好微信公众平台做好微信营销推广是拓宽业务渠道、增加成交额的主要任务之一。

【详细解读】 ▶▶▶

一、公众号的推广方式

想要让微信用户看到你的公众号，就要对公众号进行推广，可以通过计算机端线上推广，更多的是通过线下推广，其推广方式主要有以下几种。

（1）在门店的牌匾上打上公众号二维码，有需求的用户，一般都会扫一扫。

（2）每个员工名片上都要印上公众号二维码，发给客户也能起到不错的推广效果。

（3）发放的DM（直接邮寄广告）单、宣传页、资料袋上都可以印上公众号二维码。

（4）驻守小区时，在展示板上贴有二维码的宣传，可以做"扫码送优惠"的活动，诸如关注二维码送毛巾、洗护品等。

（5）在发布房源时，描述里面可以带上关注二维码的相关信息。

（6）经纪人可以在自己的朋友圈里分享公众号信息。

（7）在参加房展会等活动时，可以设置关注二维码的活动。

二、公众号的推广技巧

现在各行各业都做起了微信营销，房产中介也不例外。对于房地产经纪人来说，可参考下页图所示的技巧来做好微信营销。

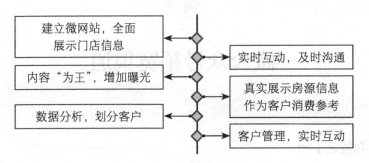

微信公众号的推广技巧

1.建立微网站，全面展示门店信息

房地产经纪人可将自己提供的服务信息分享到微信公众号上，并在其微网站上自主发布房型报价、促销活动、最新动态等绝大部分涵盖客户需求的信息。如下图所示的是××房地产中介机构在其公众号上建立的微网站截图。

微网站截图

2.实时互动，及时沟通

经纪人可在公众号上与"粉丝"直接互动交流，第一时间对客户的需求提问直接做出回应，实现与客户、潜在客户的及时沟通，从而获取用户预约订单，并进行数据挖掘和分析。

3.内容"为王"，增加曝光

公众号上可经常提供行业最新新闻和店内最新动态，如企业新闻、优惠促销、房产知识、房价政策、天气情况等内容。如下图所示的是××房地产中介在公众号上发布的优惠促销信息。

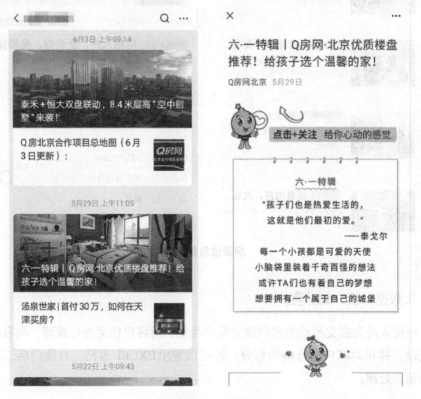

公众号推送内容截图

4.真实展示房源信息作为客户消费参考

除了在公众号上经常发布更新房源资讯展现给广大客户外，经纪人应经常在公众号上发布最新的房源信息，给用户以最真实的展示。无形中提升企业形象，增强潜在客户的信任度，刺激其消费。如下图所示的是××房地产中介在公众号上发布的房源信息截图。

房源信息截图

5.数据分析，划分客户

经纪人应为提交预约的客户建立客户档案，对客户档案进行管理，与客户实时互动。并可对客户进行精细划分，还可以导出EXCEL表格，方便门店二次加工和信息处理。

6.客户管理，实时互动

门店不仅可以在官方微信后台看到营销分析、"粉丝"分析、页面分析等数据。还可以对报价推广效果、企业新闻、预约服务等业务指标进行监控管理，为阶段性的网络推广决策提供有力支持。

发朋友圈扩散信息

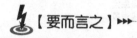

【要而言之】 ▶▶▶

由于朋友圈多是自己的亲人或朋友，房地产经纪人适合分享一些有价值的知识，而不是单纯发广告，另外要尽量地多加客户的微信。可以将好的房源信息快速分享到朋友圈中，支持网页链接方式打开。

【详细解读】 ▶▶▶

一、朋友圈推广攻略

1.定期分享房源到你的朋友圈

一般情况下定期发布 3～5 个不同类型的房源，尤其是挑选一些有特色、有话题的房源，例如名人曾经居住的房源、最近大幅涨价或者降价的房源、最近卖出的房源等。不同类型、不同位置、不同价格的房源可以大大扩充你的潜在客户群。如果你的朋友分享你发布的房源，朋友的朋友就有可能和你联络。

2.定期分享房源到相关微信群

很多客户都会有很长的观望期或者考虑期，这段时间及时跟进是非常重要的，否则客户极有可能在决定购房时把你忘了，或者一直产生不了购房的意愿。一个行之有效的方法就是为潜在客户建立一个或者几个群，定期在这些群里发布一些新房源，这样就可以不断给潜在客户加深印象，客户想买的时候也会第一时间想到你。另外，多加入一些相关的群，例如讨论本地投资的群，看到相关的讨论，就发布一些相关的房源。

3.分享房源给特定客户

对于购买意向很强的客户，经纪人要养成定期跟进的习惯。记住每个客户的喜好，每周找几套客户喜欢的房源通过微信发给客户，这样既不会打搅客户，也会让客户感受到你的用心，这个习惯会大大提高你的成交率，如下图所示。

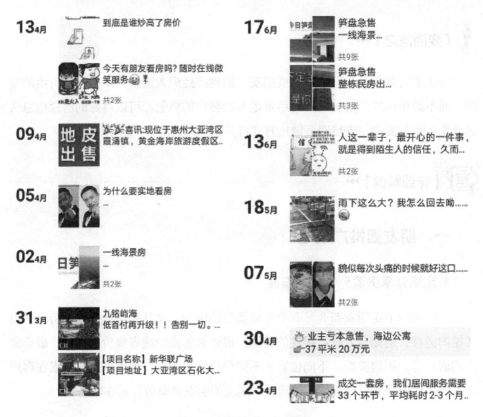

经纪人发布的朋友圈截图

二、朋友圈推广注意事项

（1）分组发布。发给谁看比发给多少人看更有意义；也没必要将房子一条又一条地推到亲戚、朋友的朋友圈中，这样做对你来说也没有任何意义。

（2）没有必要天天在朋友圈打广告，频繁"刷屏"只会让人讨厌。

（3）多发能够帮助到"粉丝"的信息，分享买房子要注意的事项、禁忌等。

比如可以根据看房经验写一小段"看房时如何检验房子有无漏水现象"。

（4）发布一些轻松的话题。不要让大家觉得你每天都是在卖东西，有空时可以拉拉家常，多"经营"彼此之间的感情。

比如发一张带看时拍的照片，照片上是你和客户分享一块美味的巧克力，家人看到你工作时的状态会更放心，客户看了也不会反感。

（5）尽可能用最平实的语言来发布信息，不要过于专业，让普通客户也能看得懂。

休闲小吧

　　青蛙与老鼠是邻居，一直以来，青蛙看老鼠都不顺眼，总想找个机会教训教训它。

　　一天，青蛙见到老鼠，劝它到水里玩。老鼠不敢，青蛙说有办法保证它的安全，可以用一根绳子将它们连在一起，老鼠终于同意一试。

　　在水中，青蛙大显神威，时而游得飞快，时而潜到水底。老鼠被折腾得死去活来，最后被灌了一肚子水，泡涨了漂浮在水面上。

　　这时，刚好一只正在寻找食物的鹞子从空中飞过，发现了浮着的老鼠，就一把抓了起来。青蛙与老鼠有绳子连着，自然也被带了起来。鹞子将老鼠吃掉后，就准备吃青蛙。青蛙在被鹞子吃掉之前，后悔地说："真没想到把自己也给害了。"

点评

　　竞争是有规律的，如果采取不正当的手段去对付竞争对手，或许自己也已经踏入了失败的门槛。

用小程序积累用户

【要而言之】▸▸▸

  小程序之所以那么吸引人，除了它自有的超大流量外，还离不开其"无须安装，用完即走"的便捷性，符合时下用户的使用习惯，是房产中介行业线上营销的必然选择。

【详细解读】▸▸▸

一、小程序推广的好处

  小程序的出现让房产中介行业营销模式发生了重大改变，借助于微信平台自身的用户红利，周边5千米范围内的微信用户都能看到你的房产小程序，而且都是真实的精准用户，微信在搜索关键词时还会优先推送匹配度较高和使用过的小程序，因此抢占小程序体验流量是尽早开通小程序的最直接好处。

  小程序不仅解决了让用户看到的问题，也解决了用户体验的问题。借助于微信自身的技术标准，小程序可以非常顺畅地进行浏览体验，而且功能上也和App一致，房源展示、房源委托、房贷计算、在线看房等一应俱全，但是开发小程序的价格还不到开发App价格的1/4，并且能对小程序进行持续升级和维护，保证小程序的用户体验达到最好。

销售语录　　　　*社区规模的大小，决定房子升值空间的大小。*

小程序界面截图

　　以前用户想找房、看房需要下载各种App，注册各种账号，而用小程序之后，这些都彻底改变了，轻松打开小程序就能找房看房，无须下载和安装注册，提高了用户体验也就能留住客户，为房产中介公司积累忠实客户，进而摆脱对网络端口的依赖。并且房产中介企业还能在与之对接的ERP（企业资源计划）后台实现对房源、客源信息的管理，一旦有客户发布看房、找房需求就能同步到ERP后台上。而且房源信息也无须二次上传发布，直接在ERP后台进行批量导入上传，如上图所示。

二、小程序线上推广方式

　　小程序线上推广方式有以下几种。

1.小程序+公众号

不管是关联小程序，还是在自定义菜单里设置链接，或是在文章中插入小程序，新关注公众号的"粉丝"都能通过直接点击，进入你的小程序，成为小程序的"粉丝"。

2.朋友圈二维码推广

用户可以通过二维码重复访问小程序，也就是说二维码是小程序重要的访问入口。基于此，房产中介在小程序的实际运营中应该强化二维码的作用，将你的小程序分享到朋友圈里，只要你的小程序足够优质，吸引到的会是精准用户。

3.微信"搜一搜"

在"发现"页进入小程序或者搜索找到小程序，"搜一搜"有强大的算法支撑小程序搜索，它的优化将会吸引更多的微信用户使用，用户越容易触达，越容易获得流量，这也是微信会为小程序在首页设置下拉页面的原因，一步触达，快速获得流量。

4.好友群+社群引流

其实就是通过社群做裂变，不光是微信社群，**QQ**群也可以。作为房地产经纪人，手里肯定少不了与房产买卖有关的微信群（客户群、购房群、置业交流群等），那么房地产经纪人就可以将房产小程序一键分享到微信群，引导大家关注小程序，让更多的购房者了解并使用你的小程序，以后有新房源的上线发布都可以通过小程序转发来直达目标购房群体，这样从推介房源、引导关注到实现转化就变得简单多了。如果能够引导他们把你的房产小程序添加到"我的小程序"就再好不过了。

三、小程序线下推广方式

小程序线下推广方式有以下几种。

1.门店扫码

房地产门店可以在店铺显眼位置贴上小程序二维码，或者制作你自己的海报易拉宝，客户可以扫码找房、卖房或者委托管理等。

2.名片扫码

房产经纪人可以把小程序码直接印制到个人名片上，在附近的学校、商圈、重要路口等地派发传单或名片。客户在拿到名片后可以直接扫码进入小程序，让用户产生使用该小程序的习惯。

3.线下活动推广

结合房产的特性推出活动吸引用户的关注，比如通过在赠品上印刷品牌信息和小程序二维码，也可以策划单独的线下活动进行推广，引导用户扫码。

休闲小吧

从前，有个大财主喜欢贵重的皮袍子和精美的食物。一天，他想做一件价值一千两银子的皮袍子，来炫耀自己的财富。没有那么多的皮，他就去和老虎商量，要剥它的皮，没等他说完，老虎就逃入森林去了。一次，他又想办一桌有鹿肉的丰盛宴席，去和鹿商量，要割它们的肉，鹿也一个个躲进了密林深处。

就这样，财主谋算了很长时间，没有做成一件虎皮袍子，也没有办成一桌有鹿肉的酒席。

点评

在销售过程中，存在着许多合作和联盟的机会，基本原则就是：当你想谋求某种东西时，绝对不能和与这东西有利害关系的人商量。

直播卖房未来可期

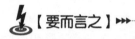【要而言之】▶▶

如何最真实、最接近实地了解楼盘信息呢？这就莫过于线上直播了。线上直播能让购房者更好地了解楼盘的真实情况，可以与主播直接沟通了解项目优惠信息等。

【详细解读】▶▶▶

一、常见的直播方式

对于房地产行业来说，常见的直播方式有下图所示的几种。

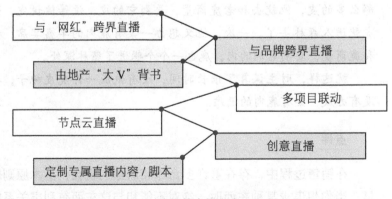

常见的直播方式

1.与"网红"跨界直播

房地产门店可邀请当下自带"粉丝"流量的"网红"来到直播间，利用其"粉丝"经济开展富有生活气息的直播。用多样的形式，贴近时下有趣话题的内容吸引目标客户关注。

2.与品牌跨界直播

房地产门店可与其他品牌进行跨界直播，灵活多变的直播形式让品牌跨界成为可能。在宣传自家产品时，连带出对方产品，对品牌推广将会起到比较大的传播作用。

3.由地产"大V"背书

地产"大V"作为行业标杆引领着无数关注房产人的动作走向，房地产门店可邀请地产"大V"做客项目直播间，运用访谈、讲座、连麦等多种方式为项目背书，扩大项目在行业内的名气。

4.多项目联动

联合多项目为客户带来一场直播盛宴，让客户能在一场直播中了解不同项目的优势，用提供更多的选择吸引客户来到直播间。

5.节点云直播

在线上售楼处开放的同时，将地产节点活动搬到云上进行。线上发布会、线上开盘、摇号、样板间开放，不同的平台，让观众感受一样的精彩。

6.创意直播

直播实地体验，突出生活场景，增强带入感，创意且趣味，可丰富直播内容，吸引更多人群。

7.定制专属直播内容/脚本

让吉祥物或经纪人现身——定制直播设定，走进样板间，利用抽奖植中广告，与观众互动。

二、打造一场完美直播

直播并不只是一个主播、一部手机那么简单，而是需要完善的流程才能打造一场完美的直播。

1.直播的流程

直播流程如下图所示。

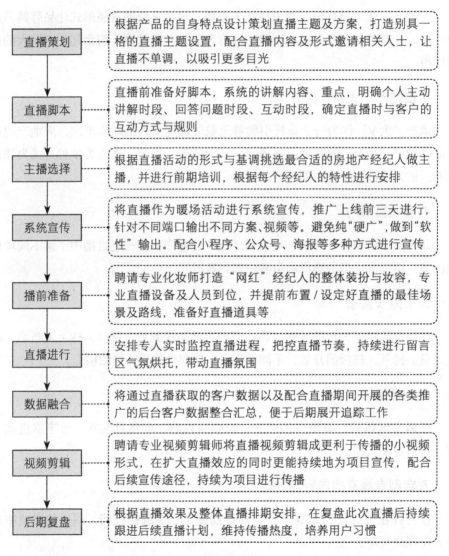

直播策划	根据产品的自身特点设计策划直播主题及方案，打造别具一格的直播主题设置，配合直播内容及形式邀请相关人士，让直播不单调，以吸引更多目光
直播脚本	直播前准备好脚本，系统的讲解内容、重点，明确个人主动讲解时段、回答问题时段、互动时段，确定直播时与客户的互动方式与规则
主播选择	根据直播活动的形式与基调挑选最合适的房地产经纪人做主播，并进行前期培训，根据每个经纪人的特性进行安排
系统宣传	将直播作为暖场活动进行系统宣传，推广上线前三天进行，针对不同端口输出不同方案、视频等。避免纯"硬广"，做到"软性"输出。配合小程序、公众号、海报等多种方式进行宣传
播前准备	聘请专业化妆师打造"网红"经纪人的整体装扮与妆容，专业直播设备及人员到位，并提前布置/设定好直播的最佳场景及路线，准备好直播道具等
直播进行	安排专人实时监控直播进程，把控直播节奏，持续进行留言区气氛烘托，带动直播氛围
数据融合	将通过直播获取的客户数据以及配合直播期间开展的各类推广的后台客户数据整合汇总，便于后期展开追踪工作
视频剪辑	聘请专业视频剪辑师将直播视频剪辑成更利于传播的小视频形式，在扩大直播效应的同时更能持续地为项目宣传，配合后续宣传途径，持续为项目进行传播
后期复盘	根据直播效果及整体直播排期安排，在复盘此次直播后持续跟进后续直播计划，维持传播热度，培养用户习惯

直播的流程

2.直播前的准备

（1）直播镜头及设备。不推荐第一视角的近距离自拍，避免"死亡前置视角"；但第二视角因为看不清自己的面部表情，效果也不一定最佳。所以建议，如果坐播，以固定机位自拍的形式；如果是移动播放，建议对方拍摄，同时一定要注意防抖，尽量用稳定器。

（2）直播设备及人员配置。手机、直播架、展示物料及展板，直播人员2 ~ 3名。

毕竟直播具有不可逆性，所以直播过程中的环节需要提前彩排试播，以保证说辞、动线、植入内容、互动安排的合理性，以及直播过程可能出现的问题的紧急应对。

3.直播应注意的事项

（1）开适当的美颜、滤镜、调整最佳角度，女性简单妆容，男性穿正装。

（2）在直播过程中，主播切勿喋喋不休地不停说，要有和受众的对话感，如果自己不具备控场能力，有个搭档比较合适。

（3）切勿一个画面静止不动，多准备些段子应对突然的冷场。

（4）切勿不看即时屏幕留言，应多频次地互动。

（5）直播角度很重要。自拍大多效果不好，主播的"大脸"会引起观看者极度不适。

4.直播过程中如何导流

（1）分享不要停。直播过程中，策划不间断分享链接到微信群，并配合诱导性转发语或红包刺激呼吁同事、媒体积极转发直播链接。同时主播也要不断提醒观看者多分享，分享可截图，可送电子小礼品等。

（2）同城导流同步。在个人直播平台上，将业主、老客户、意向客户拉入其中，进行现场互动，如抖音、快手等平台都有"同城"推荐，将直播平台的区域在线客户大数据进行导入。

5.直播中现场互动怎么做

（1）调动观看"粉丝"活跃度。根据直播的市场，设置互动问答环节，调动直播室"粉丝"活跃度；分时段直播现场福利派发，送优惠券、礼品、红包，要求观看者分享链接（直播平台私信加微信群，实现第一步导入线下，同时注意抖音对于微信的屏蔽性，可用扫二维码、加我好友等词代替）。

（2）硬性植入。待直播固定某个环境的时候，在主播后方放置项目电话、公众号及个人咨询微信增加方式。

三、直播后的二次传播

1.播后营销，客户黏性要跟上

（1）直播结束后，第一时间梳理客户，私信客户，快速进行第一遍的梳理筛选，筛出凑热闹的"粉丝"，表示感谢；对于有疑虑的客户，快速回复其问题，针对性问一下需求；对于意向客户，深入沟通，并准备单独奖品。

（2）业主、老客户的微信维系跟上，并希望支持下次直播。

2.微推内容要跟上

统计在线观看总人数、点赞数、咨询量等数据，或在互动期间新增的趣味互动和话题，快速制作刷屏随手推或是微推，引发业内传播学习，同时放大优惠力度的宣传，带动项目线上热力传播。

3.二次营销造话题

若视频效果比较显著，或因直播中有大流量IP合作，新增"粉丝"量较多的，需快速保持热度，策划推出直播第二季内容，保持关注度。

4.放大成交案例

若有意向客户、老客户在直播中因"临门一脚"的促销优惠打动成交，在目前地产直播话题感强的背景下，快速放大直播效果，引发"病毒式"传播，吸引网媒、自媒体"大V"等关注并助力传播。

相关
链接

现阶段地产直播的痛点及解决方案

1.痛点现象

（1）销售人员形象不规范，未显示出职业性，不能将项目的品质通过销售人员形象打造出来。

（2）项目信息不明显，客户获得信息模糊。

（3）直播场景杂乱，未能体现项目品质。

（4）直播形式单一，不能吸引更多流量。

2.解决方案

（1）将销售人员全面包装，从服饰、妆容到表情管理进行专业培训，打造呈现上镜、精致、职业的妆容，将销售人员定制打造为各具风格的直播"网红"。

（2）将直播地点转移至项目房间，在直播的同时让客户了解房子的品质，可融入带客户线上实地参观房间的环节。利用专业的直播设备，打造直播一流场景，让每一帧画面都像电影镜头。

（3）配合直播前期进行推广活动，通过媒体渠道、小程序等多方面、全位开展，将直播影响放至最大，吸引更多关注，助力直播传播率。

（4）引进更多地产行业标杆及"网红大V"资源坐镇，配合项目，为项目进行背书。将更多行业专业声音引入项目直播，为项目发声，提高公信度，扩大宣传渠道。利用"大V粉丝经济"，将"粉丝"转化为目标客户。

（5）提供最有创意的后期制作，为后期宣传传播再掀浪潮，持续吸引客源关注。打造爆款视频，持续发酵自发性传播。

销售语录　　　　人生有遗憾不要紧，怕的是一辈子都有遗憾。

销售冠军
成长记系列

二手房销售从入门到精通
从目标到业绩的高效销售技巧

第四章
客户开发与分析技巧

导言

　　如果说房源是房产门店的经济命脉，那么客户就是房产中介生存的血液，有了客户才能源源不断地消化房源。客源的建立也非一日之功，它是房地产经纪人在与客户长期接触、沟通的过程中慢慢完成的。

销售冠军
成长记系列

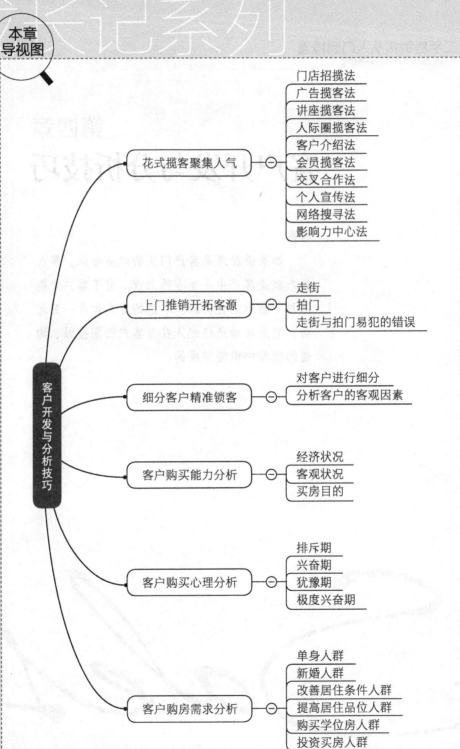

花式揽客聚集人气
- 门店招揽法
- 广告揽客法
- 讲座揽客法
- 人际圈揽客法
- 客户介绍法
- 会员揽客法
- 交叉合作法
- 个人宣传法
- 网络搜寻法
- 影响力中心法

上门推销开拓客源
- 走街
- 拍门
- 走街与拍门易犯的错误

细分客户精准锁客
- 对客户进行细分
- 分析客户的客观因素

客户购买能力分析
- 经济状况
- 客观状况
- 买房目的

客户开发与分析技巧

客户购买心理分析
- 排斥期
- 兴奋期
- 犹豫期
- 极度兴奋期

客户购房需求分析
- 单身人群
- 新婚人群
- 改善居住条件人群
- 提高居住品位人群
- 购买学位房人群
- 投资买房人群

花式揽客聚集人气

 【要而言之】▶▶▶

服务性行业中有"顾客至上"的准则，而在房地产经纪业务中，客户是经纪人的衣食父母，是经纪人得以生存的根基。一个优秀的房地产经纪人不会放过任何一个寻找潜在客户的机会，他会熟练运用各种开拓客源的方法。

 【详细解读】▶▶▶

一、门店招揽法

在店铺门口张贴宣传画，让有需求的客户自动上门，这是一些房地产门店最常用的一种方法。这种方法简单易行，成本低，而且上门客通常意向较强，信息较有效。

门店揽客法不但需要门店具有较高的知名度和丰富的房源信息，更为关键的是房地产经纪人应积极、热情地做好接待工作。只有让上门的客人感到满意，他才可能成为你真正的客户。

二、广告揽客法

广告揽客法，就是利用广告吸引客户。相比其他揽客方式，广告揽客时效性强、效果直接，但成本相对较高。房地产经纪机构和房地产经纪人要探索适合特定地域市场、特定客户的有效广告方式，以提升广告效果。

小提示　　房地产门店也可以将部分房源制成广告贴纸，上面注明房源的详细信息与经纪人的联络方式，然后打印出来贴到小区广告栏里，这也是寻找客源的一种方法。

三、讲座揽客法

讲座揽客法，是指通过向社会团体或特定人群举办讲座来发展客源的方法。这种方法尤其适用于社区宣传、发展某个社区的客户。通过讲座，不但可以培养客户对房地产经纪人的信赖，同时也能够在潜在客户群中传播房地产信息和知识，减少未来客户在交易过程中遇到的问题。

运用讲座揽客法时，讲座的组织准备工作尤为关键，主题、时间、场地和邀请方式及主讲人的演讲技巧都决定着其效果的好坏。这里的讲座，既可以是房地产知识介绍、房地产市场分析或房地产投资信息分析，也可以是房地产交易流程、产权办证问题的介绍。

小提示　　在举办讲座时，房地产经纪人可以借机发放介绍自己、门店或服务的免费资料，创造与客户直接接触的机会，进而为自己增加客源。

四、人际圈揽客法

人际圈揽客法，是指房地产经纪人以自己认识的人及亲朋好友为基础，形成人际网络，使他们为自己介绍客户的揽客方法。人际网络揽客法不受时间、场地的限制，是每个房地产经纪人自己就可以操作的方法。

所有你认识的人都是你的资源，他们中也许有人需要买房，也许有人知道谁要买房，也许认识可能或即将成为你的客户的人，你完全可以利用这些资源去发掘你的潜在客户。经纪人要懂得如何利用自己现有的资源和优势，要让你的亲戚、朋友、同学都知道你现在在做房地产，朋友的朋友、亲戚的亲戚都有可能成为自己的客户。而且相对于陌生人来说，亲朋好友的引荐更容易成交。

小提示　　房地产门店要着力培养房地产经纪人的交际能力，不断让他们扩展自己的交际网络，因为这个网络会帮助他们超便捷、高效率地达成交易。

五、客户介绍法

客户介绍法，即"客带客"，就是通过客户之间的连锁介绍来寻找更多的新客户。客户介绍法是一种非常有效的开拓客源的方法，而且成本低、见效快。

要想让老客户为你介绍新客户，关键是要取信于现有的客户。因为现有的客户与被介绍者往往有着共同的社会关系和利害关系，他们团结一致，相互负责。房地产经纪人必须树立真诚为客户服务的意识，急客户之所急，想客户之所想，千万不可故意隐瞒或欺骗客户。当客户满意你的服务时，他就愿意为你介绍客户；反之，他会在亲朋好友想购买你的房子时加以劝阻。

六、会员揽客法

会员揽客法，是指通过成立客户俱乐部或客户会的方式吸收会员并挖掘潜在客户的方法。如深圳的"万科会"利用会员揽客法招揽客户就非常成功。

对于大部分中介机构和房地产经纪人来说，通常因为成立客户会的难度大而较少使用这种方法。但是，对于一些实力雄厚的房地产经纪机构来说，会员揽客法不失为一种开拓客户的好办法。

七、交叉合作法

房地产经纪人每天与人打交道，他们拥有一张强有力的人际关系网，这也是一份很有利的资源。你是某个行业、某种产品、某家企业的销售人员，但你同时又是其他众多行业、众多产品、众多企业的销售人员的客户。你身边的销售人员也一样，和他们共同探讨互相合作之事，或要求他们在合适的场合推荐你的产品和服务，当然，你也要为对方做同样的服务作为回报。不同行业的销售人员不存在业务上的竞争，并且能够更好地进行互补。除此之外，还可以互相学习推销的经验与技巧，以便更好地拓展业务。

八、个人宣传法

房地产已经成了广告业的大客户之一，各种房地产广告遍布大街小巷，但是房地产经纪人的个人广告却是凤毛麟角，这不能不说是一个缺陷。房地产经纪人可以巧妙地运用个人广告来宣传自己。

（1）印制一盒自己的名片，告诉大家你的职业和你所能提供的服务或者你所能提供的帮助。

（2）制作一些精美的卡片，在节假日邮寄给那些准备购房的客户，这样既能够给他们一个惊喜，又能够很好地宣传自己。

九、网络搜寻法

房地产经纪人可以在互联网上搜寻客源，因为有很多客户会通过网络来发布自己的买（租）房信息。

（1）通过网络平台来发布自己的需求信息，如搜房网、58同城、赶集网等。

（2）通过加小区的业主群来获得客源。有部分客户需要买房子，会先通过小区的业主了解小区各方面的信息；另外，也有些小区业主会需要换大房子，或者小区业主的朋友需要买房或租房。

（3）通过小区的业主论坛来获得客源。有些客户需要买房或租房时，会直接在小区的业主论坛上面发布自己需要买房或租房的信息。

十、影响力中心法

此法也可叫作人物带动法，任何一个小集体都有一个核心人物，他（她）可以影响这个范围内的许多人。经纪人要想让某些人成为自己的客户，必须将他们中的核心人物作为攻坚的主要对象，使其理解房产经纪行业，了解现今的房地产市场行情，让其体会到专业服务，使其从排斥、理解到接纳自己。

上门推销开拓客源

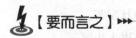 **【要而言之】**▶▶▶

营销学中有一种营销方法叫上门推销，其主要方式是走街与拍门，房地产经纪人员在进行销售时同样可以把它运用得炉火纯青。

【详细解读】▶▶▶

一、走街

走街即传统说法抓"水鱼"，房地产经纪人员的主要工作就是走街串巷和挨家挨户去推销。

1.前期准备

（1）确定走街方向：公众场所区域、工厂区、大型开放住宅区等。

（2）确定目标对象：中年人、工厂高层管理者。

2.注意事项

（1）找人多、人流慢的地方走。

（2）不要对全心投入工作的人推销。

（3）主动向客户打招呼，并注意对方眼神。

（4）出击时找好"诱因"。

（5）伴随客户边走边介绍，在兴趣点处及时停顿。

（6）给客户提供相关资料。

（7）把名片递给客户，同时索要对方名片，询问电话或住址。

（8）记住对方的外貌特征与姓名。

（9）对客户的拒绝笑脸相送，及时回避不礼貌客户。

二、拍门

拍门即敲门，是房地产经纪人员主动上门向各家住户询问需求的一种房产推销方式。

1.前期准备

（1）了解相关内容：居住状况、保安要求、通道与环境状况等。

（2）找出进入小区的方案：与保安拉近关系、通过朋友进入小区等。

2.注意事项

（1）按门铃要有节奏，自然，不急不缓。

（2）主动说"您好，我是××公司的房地产经纪人员……"

（3）微笑对待客户的拒绝和查询。

（4）热情回应客户的咨询。

（5）争取进门机会，不要对物业进行全面查问。

（6）不要接受客户的饮品和其他食物。

（7）始终保持端正的仪表仪态。

三、走街与拍门易犯的错误

需要注意的是，房地产经纪人在走街与拍门时容易犯以下错误。

（1）房地产经纪人员集中在个别地点：如某个大商场门口或主要交通路口。

（2）"抓流动客户"变成"守流动客户"，固定在一个点死守不动。

（3）只派单张而不敢交谈；乱派单张，只顾数量而不顾质量。

（4）不敢一对一谈客户，几个人共谈一个客户。

（5）对找过的准客户不追踪、不回访。

（6）工作像散步走过场。

（7）要客户电话和名片的力度不够。

（8）推动客户去看楼的目标贯彻不彻底。

销售语录

准时赴约。迟到意味着：我不尊重你的时间。迟到是没有任何借口的，即使无法避免迟到的发生，你必须在约定时间之前打通电话过去道歉。

细分客户精准锁客

【要而言之】▸▸▸ ·······································

对房地产经纪人来说，要学会了解不同类型的客户，把握不同类型客户的心理，分析他们的购房需求，从而针对不同的客户采取不同的推销手段。

【详细解读】▸▸▸ ·······································

一、对客户进行细分

客户分类可以采取多种方式。分类方式不同，分出的客户类型也就不同，这里列出几种主要的分类方式，具体如下图所示。

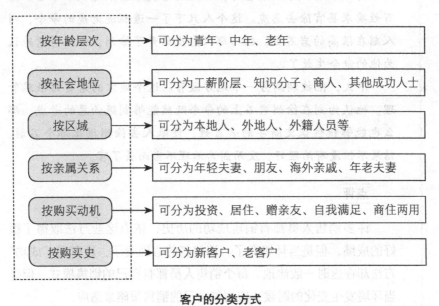

按年龄层次	可分为青年、中年、老年
按社会地位	可分为工薪阶层、知识分子、商人、其他成功人士
按区域	可分为本地人、外地人、外籍人员等
按亲属关系	可分为年轻夫妻、朋友、海外亲戚、年老夫妻
按购买动机	可分为投资、居住、赠亲友、自我满足、商住两用
按购买史	可分为新客户、老客户

客户的分类方式

二、分析客户的客观因素

细分客户群体之后，还要分析各群体自身的客观因素，这样有助于经纪人针对不同客户采取不同的推销手段，从而达到交易目的。需要分析的客观因素如下。

（1）家庭结构：家庭结构在很大程度上决定了客户需不需要买房、需要买多大的房。

（2）决定权：决定权在谁手上，意味着你的工作核心就是谁，把他的工作做好了，交易也就会很快达成。

（3）经济实力：经济实力决定了客户所买房屋的档次。

（4）喜好：客户爱好决定了客户所买房屋的类型。如果客户好静，你可以为其推荐远离闹市环境较好的房子。

休闲小吧

有一个人在徐州做官时，山上的老虎常出来吃人和家畜。老百姓要求县官除去恶虎。这个人只下了一道驱逐老虎的命令，叫人刻在很高的岩石上，碰巧那只老虎离开了徐州，他就得意地认为他的命令生效了。

不久，他被调到另一个地方做官。这个地方的老百姓很难管理。他认为刻在徐州岩石上的命令既然能够制服凶恶的老虎，那么也能够镇住识文断字的老百姓，便派人去徐州描摹那个石刻。结果不但没有治理好，反而因为治理不当而丢了官。

点评

许多销售人员都有销售成功的历史，依靠这些方法取得了很好的成绩。但是当环境变了、消费者的心理变了，原有的"成功"方法却在这时一败涂地。每个销售人员都有自己的销售模式，但是当环境发生变化的时候，应调整自己的销售策略来适应。

客户购买能力分析

 【要而言之】▶▶

当我们刚开始接触一个客户时，必须确定他是否具有购买欲望和购买能力。经纪人可以通过以下三个途径对其进行了解。

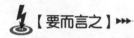 【详细解读】▶▶▶

一、经济状况

确定客户的经济状况是很重要的，经纪人可以通过普通的、非敏感性的提问、谈话，从侧面了解客户的经济能力，从而减少不合理的推销。

二、客观状况

了解客户的客观状况是必要的，有些客户只是单纯地进行信息咨询，有些却有明确的需求意向，清楚掌握这些才能有的放矢。

三、买房目的

经纪人必须明确客户买房的目的是什么，是单纯为了居住，还是为了获得收益而投资，或是为了资本增值等。明确了其目的，你才能给客户推荐更合适的房源。

客户购买心理分析

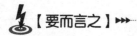 【要而言之】 ▶▶▶

客户在看房、选房时，往往都会经历以下四个心理阶段：排斥期、兴奋期、犹豫期、极度兴奋期。经纪人要通过客户情绪、语言、行为上的微妙变化来判断他们所处的心理阶段。当客户处于兴奋期或极度兴奋的时候，就是销售促成的最佳时期。

【详细解读】 ▶▶▶

一、排斥期

开始接触，客户对经纪人可能有一定的排斥和戒备心理，对楼盘和房子往往抱着挑毛病的心态。在此阶段，房地产经纪人员应争取与客户建立好感，探询客户的真实需求，推介合适的楼盘和房型。

二、兴奋期

与经纪人建立基本的信任与好感，对楼盘和房子有了较深入的认识和体验，便会产生强烈的兴趣与意向。在此阶段，经纪人应带领客户参观现场，引导体验和想象，适时"逼定"。

销售语录

远近是曾经用距离衡量，现在是用时间衡量。

三、犹豫期

了解加深，进入实质性权衡比较阶段，心态趋于理智，对楼盘和房子的某些方面产生担忧和疑虑，犹豫不决。在此阶段，经纪人应引导客户吐露真实的异议和拒绝理由，并及时、彻底地消除。

四、极度兴奋期

担忧和疑虑得以及时有效的消除，对楼盘与房子的好感进一步增强，有强烈的压力和紧迫感，急于得到理想的房子。在此阶段，经纪人应重复卖点，强调利益与价值，制造紧迫感与压力，利用促销优惠及时促成销售。

休闲小吧

一群天鹅经常聚集到湖边，在那里挑选合适的地方栖息。天鹅头领还安排了一只天鹅守夜放哨，看见有人来了就鸣叫报警。湖区的猎人熟悉了天鹅的生活习性。

一到晚上，他们有意点亮火把。放哨的天鹅看见了火光，就嘎嘎地叫了起来，猎人又把火弄灭了。等到天鹅受惊飞起来时，什么动静也没有了，天鹅又放心地落回原处休息。

这样反复三四次后，天鹅以为是放哨的天鹅有意欺骗它们，就都去啄它。这时，猎人举着火把向天鹅靠近。放哨的天鹅怕再被其他天鹅啄，不敢再叫。酣睡中的天鹅被猎人一网捕捉，没有一只逃脱。

点评

任何一个企业都会面临着市场的考验，当竞争对手第一次试探的时候，企业建立起来的预警系统——"放哨的天鹅"起到了作用，企业严阵以待，却不见对手有什么反应。但是经过反复试探之后，连企业自己也逐渐放松了警惕，致使竞争对手一战而胜。

客户购房需求分析

 【要而言之】 ▶▶▶

　　在人生的不同阶段，人们的生活特点都会有所不同，对房屋的需求也有很大不同。房地产经纪人需要经常分析不同买房客户的需求，从而采取针对性的销售策略。

【详细解读】 ▶▶▶

一、单身人群

　　有着良好的教育背景、做着令人羡慕的工作，在很多人眼里，能独立买房的单身人群是幸福的。不过，其生存压力也很大。即使已有了购房打算，实际上多数单身人士的购房预算并不多，但购房的心情又比较急切。这类人群需要根据不同的购房需求，区别对待。

　　综合来看，现在的单身购房人群多数在25～35岁，他们追求个性化、讲求品牌，多数属于感性消费。相对来说，单身人群购房不会一次性到位，更多采取阶梯式消费模式，以便随着收入的增长、工作岗位的变化以及今后生活的变化，适时地调换住房。对单身人群而言，其购房需求的分析如下表所示。

销售语录

推销的游戏规则是：以成交为目的而开展的一系列活动。虽然成交不等于一切，但没有成交就没有一切。

单身人群购房需求分析

序号	事项类别	具体说明
1	交通	单身人群通常处于创业初期或工作起始阶段，早出晚归，公交车与地铁是其主要交通工具。因此，选择的社区周边最好有便利的交通条件，不要把过多的时间浪费在上下班的路上，以免影响工作和休息
2	居家安全	单身人群的大部分时间都用在工作上，很少在家里。因此，应选择有物业管理或者较成熟的小区居住，慎选独栋、无物业管理、无安保的小区，消除安全隐患
3	环境配套	单身人群往往生活节奏很快，无暇顾及个人生活。因此，小区内最好配备完善的生活服务设施，如运动设施、商业设施、餐饮设施等
4	付款方式	单身人群发展空间很大，眼光要放长远，最好选择总价低、不需要一次性付款的小户型，还款方式最好选择等额本息，这样每月的还款压力小，可以把多余的资金用于投资和创业

二、新婚人群

成家立业是大部分人都必须经历的人生阶段，对于新婚者来说，其购房需求分析如下表所示。

新婚人群购房需求分析

序号	事项类别	具体说明
1	面积	结婚后可能会出现父母同住、社会交往以及孩子出生等方面的情况，这时新婚人群的经济不是很宽裕，因此，最好购买紧凑、房间多的小户型
2	交通	最好选择交通便利的地方，能方便夫妻上班、小孩上学、老人出行等。若是选在郊区，最好选择有地铁或者公交线路多的地区
3	环境配套	购物便利是首要考虑的因素，超市、菜市场、药房、医院、幼儿园、学校等都要有合理的距离，一般来讲以 100 米左右为宜
4	居家安全	要有成熟的保安和物业，房屋的布局设计和装修布置要能保证老人和小孩的便利及安全

续表

序号	事项类别	具体说明
5	采光格局	"新婚族"因有大量的家居摆设，因此应选择格局方正、采光通风好的房子。另外，由于社会交往的增加，对客厅和厨房的要求也相对较高
6	付款还款	新婚者的开销较多，经济压力比较大，因此要规划好付款方式，最好还是选择银行贷款，并计算好生活各方面所需费用，不要使自己的还款压力太大

三、改善居住条件人群

有一定的经济基础、希望改善居住条件的购房者，希望改善后的居住环境最好能完全满足自己的期望，要求也会相对较高，对其购房需求分析如下表所示。

改善居住条件人群购房需求分析

序号	事项类别	具体说明
1	面积	如果是因为面积、格局不够理想而换房，此时就要考虑房屋的户型、楼层、朝向、采光以及客厅、餐厅、厨房、卫生间等的面积和格局，尽量使其达到预期的要求
2	地段	如果是因为地段不够理想而换房，就要根据自己的购房预算选定合适的区域和板块，好的地段不仅可以增加居住的便利性，还可以增加其保值、升值潜力
3	交通	如果是因为交通不够理想而换房，这时就要考虑更多的交通因素，如地铁、公交、渡口等，如果属"有车族"，那么车位的问题以及车辆的进出便捷都要着重考虑
4	环境	环境以纯住家为宜，最好不要选择商住混合的小区，物业管理和周边配套也应着重考虑，如超市、银行、医院、学校等应齐全

四、提高居住品位人群

住房最能体现一个人的价值品位和身份、职业、修养等。因此，提高居住品位是越来越多成功人士所追求的目标。对于这部分人群来说，房子不再是单纯的居住场所，而是自身价值和身份的体现。对于提高居住品位的人群，其购房需求分析如下表所示。

提高居住品位人群购房需求分析

序号	要点类别	具体说明
1	户型	（1）房间应宽敞、明亮；除了普通住宅的必备功能区间外，还应包括保姆房及会客厅等 （2）厅的面积应大，便于装修布置；厨房的布局和配置也很重要 （3）宽敞明亮的大堂也是最能体现物业品位的设施之一
2	地段	最好选择在繁华的中心区，除了体现价值和方便出行以外，还能保证房屋的保值和升值潜力
3	交通	车位的问题以及车辆进出的便捷性都需着重考虑
4	物业	（1）物业管理是关系到业主能否享受高品位生活最为重要的因素，好的物业管理应做到规范、及时、有序，以业主的利益至上为理念 （2）配套设施应包括会所、游泳池、健身房等其他运动休闲设施
5	环境	（1）处于国际社区，周边有良好的金融、商业及休闲、教育等设施 （2）小区居民的整体素质也是需要考虑的因素 （3）景观也成为衡量一个社区生活品位的重要因素

五、购买学位房人群

随着"买房族"年龄结构的变化，对下一代有教育需求的购房者逐渐增多，有限的资源面对日益增多的需求，让"学位房"在二手房市场独占鳌头。

学位房，是孩子在小学及小学升初中时在该学校所规划的学区房内购买房产，以使得房主的孩子得到该学校的学位。

学区房，是由教育部门根据每年片区入学生源划分出来的一个范围。在这个范围里学生可以通过享受义务教育免试就近入学，这种范围里的物业房产就叫作学区房。

学位房并不等于学区房，其区别如下表所示。

学位房与学区房的区别

区别	学位房	学区房
定义不同	学位房是开发商与某学校联建合作方面的关系引进某学校的学位，在购房合同中写了赠送入学学位	学区房并没有在买房合同中体现送学位，只是房产位置在这个学校辐射范围内，可以免试就近到任何一家所辐射的学校入学
范围不同	学位房不一定在学区范围内	学区房一定在学区范围内
规定不同	一般是指与指定学校有联建关系，或者合作关系，然后买这个房子带一个上学的指标	教育部门规定，义务教育阶段学生都是免试就近注册登记入学，按照学生的户籍所在地，由教育部门统筹安排就近入学
保障性不同	学位房，你买了这个房子，就一定有上学的学位	学区房，只是房产位置属于学校辐射范围内，可以享受就近上学，但学校不一定有学位
入读政策不同	学位房，应至少提前三年购房，部分学位有年限限制	学区房由政府划分，不同年份会有所调整

作为经纪人，对于购买二手房的客户，在购买前要协助客户了解清楚该楼房的学位和户口是否已被使用，如果学位和户口已经被使用，则要协商并要求前业主迁出，以方便购买者户口迁入后子女获得入学学位。

（1）先看原业主有没有把户口迁走，如果没有迁走，那么这个学位被占用。

（2）再看原业主是否用掉了名额，只要原业主已经没有小孩在对口学校在读，那么这个学位就可以用。

六、投资买房人群

购买一套面积适中的二手房，既是普通购房者购房自住不错的选择，也是投资者的良好选择。对于投资人士，其购房需求分析如下表所示。

投资买房人群购房需求分析

序号	要点类别	具体说明
1	位置优势、交通便利	附近公交线路发达，可以直达四面八方，这样的房子无论是出租或转手都很有市场

续表

序号	要点类别	具体说明
2	方便的购物、就医、教育环境	大多数的旧居民区附近，大有成熟的大型超市，小有方便的小菜市场，不出十分钟就可以找到市属大医院，幼儿园、小学、中学也一应俱全。多年的社区人文环境造就了周围各种各样繁荣的社区服务环境，因此，此类二手房的出租或转手也很有市场
3	避免潜在的质量隐患	有些上市的二手房已经居住了三五年甚至十年以上，如果房屋质量存在什么问题，现在应该明显暴露出来，或者已经被原房主或房管部门修缮过了。在挑选二手房时，应通过仔细认真地检查房屋的状况，做到心中有数。基本上二手房是不会存在质量问题的
4	及时拿到产权证	如果购买二手房是为了投资，那一定要买有产权的二手房，并且按照规定缴纳应缴的税费，进行产权过户手续，那么在交易完成后，房管局将很快核发过户后的产权证。只有拿到了房屋的产权证，房子才可以合法地出租、出售，甚至办理抵押贷款

休闲小吧

　　有个自称专治驼背的医生，招牌上写着"无论驼得像弓一样，像虾一样，像饭锅一样，经我医治，着手便好"。

　　有个驼背人信以为真，就请他医治。他拿了两块木板，不给驼背人开药方，也不给他吃药，而是把一块木板放在地上，叫驼背人趴在上面，再用另一块木板压在驼背人的身上，然后用绳子绑紧。接着，便自己跳上板去，拼命乱踩一番。驼背人连声呼叫求救，他也不理会，结果，驼背算是给弄直了，人也"呜呼哀哉"了。

　　驼背人的儿子和这个医生评理，这医生却说："我只管把他的驼背治好，不管他的死活！"

点评

　　客户的需求是不一样的，客户的偏好也不一致，销售人员要找出解决客户需求的产品和方法，并且这种产品和方法能够满足客户的需求，这才是成功的销售。

销售冠军
成长记系列

二手房销售从入门到精通
从目标到业绩的高效销售技巧

第五章
客户接待与面谈技巧

导言

　　客户接待与面谈是开发客户最基本的途径之一。接待做得好，衔接带看紧密就可以直接促成签单，但是很多经纪人却忽略客户接待的重要性，白白错失成单机会。因此，房地产经纪人应掌握必要的客户接待与面谈的技巧。

销售冠军
成长记系列

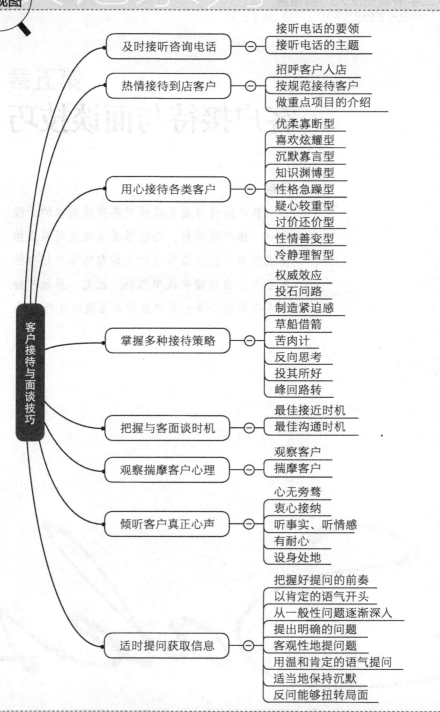

客户接待与面谈技巧

- 及时接听咨询电话
  - 接听电话的要领
  - 接听电话的主题
- 热情接待到店客户
  - 招呼客户入店
  - 按规范接待客户
  - 做重点项目的介绍
- 用心接待各类客户
  - 优柔寡断型
  - 喜欢炫耀型
  - 沉默寡言型
  - 知识渊博型
  - 性格急躁型
  - 疑心较重型
  - 讨价还价型
  - 性情善变型
  - 冷静理智型
- 掌握多种接待策略
  - 权威效应
  - 投石问路
  - 制造紧迫感
  - 草船借箭
  - 苦肉计
  - 反向思考
  - 投其所好
  - 峰回路转
- 把握与客面谈时机
  - 最佳接近时机
  - 最佳沟通时机
- 观察揣摩客户心理
  - 观察客户
  - 揣摩客户
- 倾听客户真正心声
  - 心无旁骛
  - 衷心接纳
  - 听事实、听情感
  - 有耐心
  - 设身处地
- 适时提问获取信息
  - 把握好提问的前奏
  - 以肯定的语气开头
  - 从一般性问题逐渐深入
  - 提出明确的问题
  - 客观性地提问题
  - 用温和肯定的语气提问
  - 适当地保持沉默
  - 反问能够扭转局面

及时接听咨询电话

【要而言之】 ▶▶▶ ···

　　有很多客户会先通过电话咨询房地产门店相关事宜后，再决定是否到店。因此，对于客户的电话，经纪人应及时接听，做好接待。

【详细解读】 ▶▶▶ ···

一、接听电话的要领

　　接电话是一门艺术，必须掌握一定的要领，才能做到有条不紊、忙而不乱。接听电话的要领如下表所示。

接听电话的要领

类别	具体说明
接电话要及时	如果电话响许久才漫不经心地拿起电话，会让客户认为公司办事效率太差。一定要在电话铃响三声之内接听电话
明确说出公司名称	接听电话时必须说："您好，××公司，请问有什么可以帮您？"如果只是不礼貌地说一声"喂"，客户很有可能会重新考虑是否继续咨询，因为他会觉得你根本就不专业
了解所有二手房的基本资料	在接电话前，必须把二手房的资料信息（楼层、朝向、面积、入住时间等）记清楚，以便回答客户的提问
及时向资深同事或对该物业了解的同事求助	如果你刚入行，对有些情况不了解，必要时可向资深同事或对该物业了解的同事求助。但不能让客户等着，可以用闲聊的方式稳住客户，然后用手势告诉同事你需要帮忙

续表

类别	具体说明
先了解需求再进行推荐	有的客户没有在电话中指定物业，这并不是说他没有中意的物业，而是在考察你的推荐能力。这种情况下，你绝对不可以不经思考便胡乱推荐，必须先询问其要求，然后根据其要求进行推荐
防止同行假装买家探听状况	同行假装买家探听信息的状况早已屡见不鲜，记住一个原则，同行想探求的信息也就是你想探求的信息。如果在电话中遇到同行，则须灵活应变
尽可能熟记客户声音	用心记住客户声音，下次来电时直接道出对方姓名，客户会认为你对他非常关心，从而乐意向你咨询
重要电话必须事先演练	如果是重要电话，先进行演练是非常必要的，可以请同事帮忙，模仿客户提出问题由你解答，以减轻心里的紧张感
把握重点，以免通话时间太长	接电话要把握核心、切中要害，以节约双方的时间。但有些时候为了拉近距离，可以适当闲聊，但要注意尺度，更不可以舍本逐末
引导客户前来面谈	即将结束通话时，记得约请客户前来面谈。约请客户时，要清楚地告知客户会面的详细地址，最好能说出具体的交通路线，并且告诉他你将专程等候
及时填写来电登记表	挂断电话后，应及时填写"来电登记表"，记录该客户的信息，为销售分析及日后的客户追踪做好准备，并对重点问题进行妥善处理或上报

二、接听电话的主题

接听咨询电话时，首先需要明确客户所关注的焦点是什么，并针对这些焦点做好相应准备，从而让自己在面对客户电话咨询时胸有成竹。通常情况下，客户在电话里主要会咨询地段、户型、价格及付款、相关政策四个问题。

1.地段

客户在决定是否购买的时候，考虑的第一要素就是地段。因此，在发布任何一条房源信息时，经纪人必须对该房源所处的地理位置有一个明确的认识。不可只是简单地知道它位于哪个区、哪个位置，而是应该对该地段的地理特征了如指掌，甚至包括该地段附近有什么设施、有什么显著建筑物、有哪几条公交线路。

回答关于房源地理位置的问题时应掌握相应的技巧。即使是相同的地理位置，不一样的解说会产生不一样的结果。

比如，对于某些地段，如果你只是简单地说出区位，客户可能会提出"太远了，太偏了"。而如果你告诉客户说："距离××商业中心只有五分钟车程""那里的公交线路有十多条呢！很多车都经过那里"，那客户对该地段的认识就会更为深刻。

此外，对于一些较为偏远的地区，你可以以"高教区""市政重点发展方向""升值潜力"等隐含的优势条件去有意淡化客户对地段的担忧。

2.户型

地段是客户对大生活环境的选择，户型则是对居家小环境的选择。不同的客户有不同的需求，有的人由于经济能力等原因而选择小户型，而有的人则会由于家庭人口原因而选择大户型。经纪人不但要清楚房源户型，还要掌握各种户型的结构知识，并能准确地表述出它们的特点，尤其是一些特殊、新出现的户型结构，比如复式、跃层等。

3.价格及付款

价格绝对是买卖双方关注的一个焦点话题。任何人都希望购买到物超所值的商品，没有人会愿意在买卖活动中"吃亏"。

在回答有关价格问题时，可以运用一些简单而有效的心理战术，因为客户通常会对最先接收到的信息做出直觉反应。

比如，对于单价高的小户型，尽量报总价而不报单价；对于单价低的大户型，则应报单价而不是总价。这样，客户对于价格的抗拒心理就会降低很多。

4.相关政策

房地产作为影响民生的一个重要行业，国家总是通过政策的调整引导其健康发展。一旦有新政策出现，经纪人手头的电话就会比平日多很多。

比如，国家出台政策，规定二手房交易未满两年的再次上市交易就要征收5%的增值税，这个政策与普通百姓密切相关，很多人在决定买卖二手房时会先咨询一下经纪人到底是怎么回事，弄清楚什么情况下该交增值税、税率是多少、该如何计算等问题。

小提示

经纪人千万不要为这些电话感到厌烦，相反，要觉得这是自己的荣幸，因为客户是把你当作专家来对待的，否则他们就会找别人咨询了。既然是"专家"，你就要对这个行业了如指掌，必须熟知与此相关的政策法规，并能熟练地传达给客户。

 **情景再现**

让客户留下电话的话术

（1）王先生您不知道，这套房子是我们的主推房源，全公司的经纪人都在带客户等着看房呢！只要我这边确定好看房时间，我就第一时间通知您，您的电话是……

（2）王先生，买房子是大事，您不知道，上次我一个客户想要看房，结果他只给我一个家里的座机，第二天有套好房子就是他想看的，结果联系不上他，最后那个客户知道房子被卖了后很是懊恼。现在这市场说不准哪天就出来个好房子，我看您还是留个手机号码或微信吧。

（3）业主出差在外地，过几天他一回来我第一时间通知您看房，您的电话是……

（4）现在正有客户和业主谈着，我这就问问谈得怎么样了，然后给您回话，您的电话是……

（5）王先生，您放心，我们对客户都是一对一服务的，绝对不会出现私自泄露客户资料的情况。

热情接待到店客户

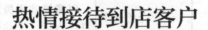

【要而言之】▶▶▶

当客户来到房地产中介门店时，房地产经纪人员要热情地迎接，给客户一个良好的第一印象。

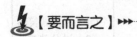

【详细解读】▶▶▶

一、招呼客户入店

客户来到店门口时，经纪人首先要招呼客户入店。招呼客户入店的规范如下表所示。

招呼客户入店的规范

服务项目	服务目标	服务语言	服务态度	忌讳
客户入店时，主动与他们打招呼	使客户感到被重视	（1）早上好！ （2）请问有什么可以帮您？	（1）眼神接触 （2）点头微笑 （3）立即放下手头工作，有礼貌地站起	（1）埋头工作 （2）不理客户
若客户站在门外观看或观望房源，主动出外招呼	提供超越客户期望的服务	您好！请问是否买房？让我介绍一下该房型好吗？	（1）稳步走出门口 （2）询问式语气 （3）态度诚恳，留意客户的反应 （4）目光友善，面带微笑	（1）视而不见 （2）忽略客户

续表

服务项目	服务目标	服务语言	服务态度	忌讳
主动邀请客户入店	与客户建立长远关系	让我介绍一下我们的二手房吧!	以邀请式手势邀请客户入店,主动替客户推门	若客户说"不"时,马上流露不悦的神色或自行离开
如遇熟客先行接待		×先生,今天休息吗?考虑得如何了?有什么可以帮到您呢?	(1)关心口吻 (2)微笑 (3)语气温和	(1)机械式笑容 (2)过分热情

二、按规范接待客户

客人入店后,经纪人必须立即接待客户,接待客户的服务规范如下表所示。

接待客户的服务规范

服务项目	服务目标	服务语言	服务态度	忌讳
客户到访时,主动打招呼	使客户感到受重视	(1)早上好! (2)您好!请问有什么可以帮您?	眼神接触	埋头工作,不理客户
如遇熟客,以前接待的经纪人应亲自接待	与客户建立长远关系	×先生,决定了买哪套房子没有?	(1)点头微笑 (2)立即放下手头工作,有礼貌地起身	机械式笑容或过分热情
主动邀请客户坐下,自我介绍并询问客户姓名	让客户有受到重视的感觉,使之安心了解楼盘资讯	您想看看还有什么单元可选择?您先坐,我帮您查查。	语调清晰、语气温和	视而不见、态度轻浮
要求客户做登记	方便跟进	我姓×,这是我的名片,请问先生您怎么称呼?	(1)有礼貌地邀请 (2)双手持名片,正面朝向客户送上	(1)命令式的语气 (2)倒转名片或单手送上

续表

服务项目	服务目标	服务语言	服务态度	忌讳
留意客户是否有人陪同，主动提供茶水	为客户提供细致的服务	您好，请坐！请先喝杯水。	友善态度、眼神接触	只集中招呼主要的一位客户，对其身旁的亲友不予理会

三、做重点项目的介绍

接待了客户后，应向客户介绍重点项目，介绍时的要求与注意事项如下表所示。

重点项目介绍时的要求与注意事项

服务项目	服务目标	服务语言	服务态度	忌讳
主动提供销售资料，介绍项目	（1）提供专业知识（2）视客人动机选择推荐信息	这套房子在××地区，那儿是未来的市中心。	专业口吻，态度要诚恳	（1）心不在焉（2）转动手中的笔（3）过多运用术语
为客户分析不同二手房的资料	进一步有针对性地进行推介	现在××楼售价大概××万元，一些多层项目售价××万元。	逐一发问，询问语气	过于主观、坚持己见
判断客户的购买动机，介绍合适的二手房		考虑自用或是投资呢？	从朋友的角度去发问、沟通	向四周张望；插问、不耐烦
多利用销售资料、模型等素材进行生动介绍	帮助客户理解	是啊，这附近有很多娱乐及购物场所，如××。	点头，微笑，主动回应客户	

销售语录

房子不在大，合适就好，就像我对象一样，适合你的就是最好的。

 **情景再现**

接待到店客户话术

1.客户质疑橱窗的房源没有及时更换

（1）现在房子卖得太快，橱窗房源的更新速度跟不上卖房的速度和房价上涨的速度。（从侧面说明现在市场火爆，增加客户紧迫感）

（2）王先生您好，我们刚刚新出一套……（直接推荐性价比高的房子）

（3）王先生，这套房子我昨天刚刚带客户看完，房子非常不错，只是今天没有提前约业主，所以暂时还看不了。这样吧，我晚上约好业主后给您电话（或短信），您的电话是……

2.客户上门具体地问一套房子的价格或情况

（1）王先生，您说的这套房子还在，而且业主和我的关系非常好，最早也是在我们这边卖的。虽然现在很多公司都在卖这套房，但是业主和我说，他给其他公司报的价格都比较高，在我们店的报价是最便宜的。

（2）这房子现在的底价是100万元（一定要比别的公司报价低个两三万元），业主说看好了就能谈，我感觉您很有诚意，要不我们现在把业主约来，咱们和业主见面谈谈？

用心接待各类客户

⚡【要而言之】▶▶

遇到不同类型的客户，经纪人不能"一刀切"，在接待时要因人而异，才能达到良好的效果。不同类型客户的接待要领如下。

📋【详细解读】▶▶▶

一、优柔寡断型

这类客户遇事往往没有主见，难以做出决定。面对这种人，经纪人应牢牢抓住主动权，充满自信地运用推销语言，不断地向他提出积极的、建议性的意见，甚至替他去选择。当然，不能忘记强调你是从他的立场来考虑问题的，这样，有助于他做出决定，或在不知不觉中替他做出决定。

二、喜欢炫耀型

这类人总是把"我如何如何"挂在嘴边，爱听恭维的话、称赞的话。对这类人，要有耐心仔细聆听，并适时称赞。

三、沉默寡言型

这类人说话比较少，一般问一句才说一句。这类人表面上看不太随和，但只要你说的话言之有理，他便有可能成为你忠实的顾客。

四、知识渊博型

这类人知识非常丰富，了解很多事情。这类人是最容易面对的客户，也是最容易让经纪人受益的客户。当这种客户出现时，经纪人应努力抓住机会，注意多聆听对方说话，这样可以吸收各种有益的知识和资料。这类人往往宽宏、明智，要说服他只要抓住要点，不需要太多的话语，也不需要太多的心思。

五、性格急躁型

这类人往往精力旺盛，干什么事都快。对待这种客户要精神饱满，清楚、准确又有效地回答对方的问题，回答如果拖泥带水，这个客户就会失去耐心。对待这类客户，说话应注意简洁、抓住要点，避免扯一些闲话。

六、疑心较重型

这类人不太容易相信陌生人，容易对他人的说法产生怀疑。说服这类客户的关键在于让他感受到你的诚意或者你对他所提的疑问的重视，如"你提的问题真对，我也有过这种想法"等。

七、讨价还价型

这类人往往对价格方面比较关注。对于这类人办法比较简单，可以在口头上做一点点的妥协，比如可以这样对他说："没有办法啊，碰上您这么能砍价的人，只好请示一下店长看能不能降点了。"这样可以使他觉得比较便宜了，又证明了他的砍价的本领。

八、性情善变型

这类人容易做出决定也容易改变。要趁热打铁，利用这类客户容易做出决定的特点快速成交。

九、冷静理智型

这类人就是急不得，如果他没有充分了解，你就不能指望他会做出决定。对于这种客户，千万不能急躁、焦虑或向他施加压力，应努力配合他的步调，脚踏实地地去证明你说的话是正确的，慢慢就会水到渠成。

休闲小吧

老李是一家公司的老总，一直以少言寡语出名，但也有出人意料的时候。

老李有一位漂亮的女秘书，人虽然长得不错，但工作中却常粗心大意。一天早上，老李看见秘书走进办公室，便对她说："今天你穿的这身衣服真漂亮，正适合你这样年轻漂亮的小姐。"

这几句话出自老李口中，简直让女秘书受宠若惊。老李接着说："但也不要骄傲，我相信你的公文处理也能和你一样的漂亮。"果然从那天起，女秘书在公文上很少出错了。

一位朋友知道了这件事，就问老李："这个方法很妙，你是怎么想出来的？"老李得意扬扬地说："这很简单，你看见过理发师给人刮胡子吗？他要先给人涂肥皂水，为什么呀？就是为了刮起来使人不痛！"

点评

如果你是一位领导，领导着一个团队，那么注意在指导下属的工作中，赞扬比批评更有效。如果你只是一名销售人员，也同样适用于与同事相处中，是一种处世哲学。

掌握多种接待策略

【要而言之】 ▶▶

不问情况，盲目接待只会弄巧成拙。因此，对于不同类型的客户，经纪人应该掌握不同的接待策略，这样才能达到事半功倍的效果。

【详细解读】 ▶▶

一、权威效应

利用自己对社区和交易环节的了解，用专业知识去征服客人，让客人依赖你、信任你。

二、投石问路

有些客户上门之后，对自己的需求也不是特别了解，这时就先推荐一套不错的房子，看看客户的反应，以得知其真正的需求。

三、制造紧迫感

给客户制造紧迫感，让他们感觉到房子不定下来很可能立刻就没有了。

四、草船借箭

当客户想要的房子暂时还没有的时候，可以推荐相似房型，并趁机请客户留下电话号码，以便有房的时候及时联系他。

五、苦肉计

有时客户因为怕中介骚扰，不是很想留电话，此时就要采用这个战术，可以告诉客户，留不下客户电话相当于白辛苦了半天，公司不承认自己的接待工作，而且会受相应的惩罚，请客户帮一下忙留下电话。

六、反向思考

有时候，客户怎么也不肯留电话，此时该怎么办呢？可以给客户留下自己的名片。有一次，店门口经过一个客户，经纪人小李上前介绍了当时店里一套楼房，客户听了介绍，感觉比较有意向，但就是不留电话，估计是被其他中介给骚扰烦了，最后小李把自己的名片递了一张给她。本来不抱什么希望，没想到第二天客户给小李来了个电话，当即看房成交。

七、投其所好

接待的时候和客户谈论他感兴趣的话题，在客户的爱好上与他取得共鸣，这样客户就会更愿意与我们合作。当然，这就要求经纪人在平时尽可能多关注些各方面的知识，尽可能做到博学。

八、峰回路转

有时候你以为没有办法了、没有房子看了，你可以将客户以前看过的房子再重新推荐一遍，客户的需求和心态可能会变，可能他以前觉得不合适的房子现在又觉得合适了。

把握与客面谈时机

【要而言之】 ▶▶▶

接近客户是销售中的一个重要环节，因为只有在不引起客户反感的情况下接近他们，你的销售才能顺利展开。房地产经纪人员必须善于控制接近客户的时机，不失时机地转入正式面谈。

【详细解读】 ▶▶▶

一、最佳接近时机

1. 事先约定的时间

有些客户有比较强烈的购房意向，房地产经纪人员可在电话中提出约见时间与地点。地点一般为比较安静的地方，比如茶馆（四川人习惯）、公园、酒店等地方，最好不要选择业主所在地点，以防业主与客户私下沟通，时间最好为周末。

2. 客户过生日或者聚会

有些客户对于买房还处于观望状态。对于这类客户的约见可以选择该客户过生日、小孩满月等时机去拜访。去时最好带上礼物，有小孩的客户须给小孩准备一些玩具之类的东西。小孩如果满意，你成功的概率会增加许多。可以在这个时间内给客户讲一些业务范围之类的知识。

3. 注意选择空余时间

在拜访客户时，须根据不同的客户挑选不同的时间，才不会引起客户的反感。

有一位经纪人小辉的客户是一家餐饮店老板，在电话沟通后，小辉前往数次但都被拒绝说"现在很忙，请改天再来。"有一天，小辉对老板说道："老板，不管您多么忙碌，晚上零点总能抽出时间吧？"老板回答说："那时候是有一点时间。""好，那么我晚上再来。"怀着半信半疑的心理，小辉在深夜12:00又再度来到这家餐饮店，发现那位老板果然正在等着他，于是商谈顺利地展开。

　　由此可见，如果想获得客户的好感与约见，千万不能只以自己的工作方便来考虑，必须要配合客户的时间去拜访才行。

二、最佳沟通时机

1.客户长时间凝视某个地方

　　一般来说，在举办大型的二手房销售活动时客户比较多。当看到有客户驻足观看或是很出神地观看房产模型、介绍书时，房地产经纪人员可抓住时机接近该客户，因为他很有可能就是为了买房子而来的。

2.客户注视资料或房源图纸一段时间

　　如果客户注视资料或房源图纸一段时间，偶尔四处张望，那他很可能是在寻求帮助。这时，房地产经纪人员要热情地同客户打招呼并主动展开话题。

3.客户突然停下脚步时

　　与客户一起行走时，客户突然停下脚步，则表示他正在思考某个问题，这时，房地产经纪人员可乘机引入话题。

4.客户寻求房地产经纪人员帮助

　　如果有客户向房地产经纪人员寻求帮助，那对于房地产经纪人员来说简直是天赐良机，只要房地产经纪人员诚恳地介绍相关情况，交易就能轻易达成。

观察揣摩客户心理

　　房地产经纪人员的成功并不是把客户"捕获"到面前，而是想办法让客户接受自己的中介服务。如果客户来到面前却失去了，失去的就不仅是客户，还有你为之所做的一切工作。

【详细解读】▶▶▶

一、观察客户

　　观察是一门艺术，在与客户面谈时，房地产经纪人员要学会观察客户的反应，从而不断地从客户那里收到各种不同的信息，促使面谈的顺利进行。

1.客户是否倾听

　　面谈中，如果客户的眼睛正视你或仔细观察房子，那就表示客户对你推荐的房子有兴趣，是一个正向的购买信号；反之则是反向信号。

2.客户的身体语言

　　若客户身体向前与你靠近，谈话一段时间后进入深思状态，则表明该客户进入考虑购买阶段；若客户不断变换姿势，则是反向信号。

3.客户的问题与要求

　　若客户不断提出问题，则表示对房子很有兴趣，房地产经纪人员需要辨识问题中所代表的购买信号，然后针对问题给予专业性解说，同时做好交易准备。

4.第三者的信号

若客户与第三者商量时表现出愉快的气氛，则是正向的购买信号；反之则是反向信号。

二、揣摩客户

观察客户后进一步揣摩客户的心理，有助于房地产经纪人员掌握客户的特点和动机，从而在推介房源的时候做到有的放矢，提高成交的概率。

1.揣摩客户的性格

揣摩客户的性格，有助于击破客户的心理防线。客户态度强硬，则需要房地产经纪人员的肯定和引导；客户犹豫不决时要协助客户做决定。

2.揣摩客户的经济实力

从客户的着装、配饰、使用的交通工具等来判断其经济实力，清楚了客户的经济实力可以使房地产经纪人员的建议更显专业，介绍更切中他的承受能力。有助于客户感觉轻松和安全，并对自己的购买行为增强信心。

3.揣摩客户的感情世界

与客户的交往实际上也是心灵的交往，要学会用心灵、真情赢得客户的尊重和好感，揣摩客户的感情世界有助于房地产经纪人员找到一种客户所喜欢的姿态或形象去与他接触，在短时间内取得他的好感和信任。

销售语录

品牌就是信誉，品牌就是承诺，品牌就是保障。

倾听客户真正心声

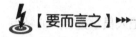 【要而言之】▶▶▶

了解客户要从"听"开始，从倾听中知悉客户言行的动机及观念，洞察客户"话中有话"的真正心声。

【详细解读】▶▶▶

一、心无旁骛

与客户沟通时要放下手头的工作，专心地听、心无旁骛地听，让客户感到被尊重，这样才能进行有效的沟通。

二、衷心接纳

当客户告诉你他买房子是因为他身边的很多同事、朋友都买了，他如果不买的话会被人看不起，你千万不要觉得好笑。无论客户向你倾诉什么，作为房地产经纪人员，都要首先做到设身处地为客户着想，让客户感受到你对他的尊重和接纳，让客户容易接受你。

三、听事实、听情感

倾听不仅要听清客户讲话的内容，还要给予客户好的感觉。对房地产经纪人员来说，不仅要听出客户传递的真实内容，更要听出客户传达的内心情感。

四、有耐心

听话不能只听一半，否则很容易伤害对方的自尊和感情。作为房地产经纪人员，耐心倾听客户的话，就是告诉客户"您是一个值得我倾听你说话的人"，这在无形中提高了对方的自尊心，加强彼此的感情交流，为最后的成功创造和谐融洽的环境及气氛。

五、设身处地

认真地听很重要，但要真正理解客户所说的内容，必须用心和脑，站在对方的利益上去听、去理解。用心地听、设身处地地听，就能想客户之所想，急客户之所急，必定能取得客户的欢心。

休闲小吧

有一天，有只麻雀向东方飞去。在途中，遇到一只大雁，大家停下来休息。大雁非常关心地问麻雀："你要飞往哪里？"

麻雀愤愤地回答："这个地方的人都嫌我的声音不好，所以我想飞到别的地方去。"

大雁听后，便赶快忠告麻雀说："你飞到别的地方还是一样有人讨厌你的。自己若不改变声音，到哪里都不会受人欢迎。"麻雀听后，低下了头。

点评

有些销售人员总喜欢以商业环境不好及客户不喜欢他、不欢迎他为理由，从不反省自己的为人举止，是否值得客户专注及欢迎。若销售人员不经常反省自己，只会责怪客户及商业环境，他就会和这只麻雀一样，到处惹人讨厌！

适时提问获取信息

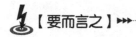【要而言之】▶▶▶

有技巧的提问能够引发客户较深入、详尽地回答问题，能够从中获得更多的信息，更有利于推动洽谈的进展，促使交易成功。

【详细解读】▶▶▶

一、把握好提问的前奏

如果你打算提出客户可能不愿回答的敏感问题，运用一个前奏就能有望改变客户的想法，让他知道回答你的问题是必要的。

比如，提问客户的资金预算时，可以加一个这样的前奏："为了给您推荐一套最适合的房子，我想知道您大概能够接受的价格水平是在哪个范围？"

二、以肯定的语气开头

洽谈时用肯定句提问，提出一个令客户感到惊讶的问题，是引起客户注意和兴趣的可靠办法。或者是把你的主导思想先说出来，在这句话的末尾用提问的方式将其传递给客户。如果运用得当，说的话符合事实而又与客户的看法一致，就会引导客户说出一连串的"是"，直至成交。

三、从一般性问题逐渐深入

询问客户时先从一般性的简单问题开始，逐层深入，以便从中发现客户的需求，创造和谐的推销气氛，为进一步销售奠定基础。

四、提出明确的问题

提问时要避免过于复杂、冗长，要简单明了，不啰唆、不拖泥带水，提出的问题要很容易被客户理解和回答。

五、客观性地提问题

提问的主要目的是了解客户的真实想法，而不是诱使客户做出某种承诺或强迫客户接受我们的想法。所以，提的问题必须具有客观性，不被自己的主观意志所支配。

六、用温和肯定的语气提问

提问的语气不同，对方的反应就不同，得到的回答也就不同。所以，房地产经纪人员在向客户提问时要特别注意自己的语气，尽量温和友善。

七、适当地保持沉默

与客户沟通时，适当的沉默也是十分必要的。向客户提问后，保持一小段时间的沉默，正好能给客户提供必要的思考时间，从而促进谈话的顺利进行。

八、反问能够扭转局面

如果客户提出的问题让你不知道怎样回答，这时你可以选择实事求是，切忌不懂装懂；或者反过来提问客户，让客户说出他是怎样看待这个问题的，而这通常就是他希望得到的回答，你也就正好可以据此投其所好。

销售冠军
成长记系列

二手房销售从入门到精通
从目标到业绩的高效销售技巧

第六章
带客看房与成交技巧

导言

带看，顾名思义就是经纪人带领意向客户实地看房的过程。带看是房地产经纪机构工作流程中最重要的一环，也是经纪人对客户进行深入了解的最佳时机，这一过程掌握得好坏直接影响到交易的成功与否。

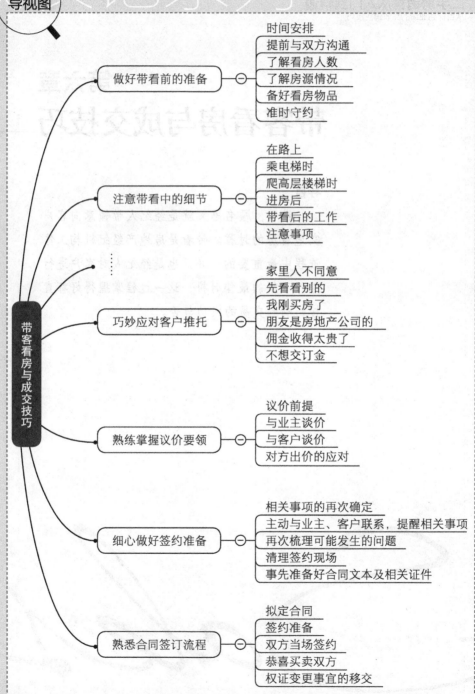

带客看房与成交技巧

做好带看前的准备 ⊖
- 时间安排
- 提前与双方沟通
- 了解看房人数
- 了解房源情况
- 备好看房物品
- 准时守约

注意带看中的细节 ⊖
- 在路上
- 乘电梯时
- 爬高层楼梯时
- 进房后
- 带看后的工作
- 注意事项

巧妙应对客户推托 ⊖
- 家里人不同意
- 先看看别的
- 我刚买房了
- 朋友是房地产公司的
- 佣金收得太贵了
- 不想交订金

熟练掌握议价要领 ⊖
- 议价前提
- 与业主谈价
- 与客户谈价
- 对方出价的应对

细心做好签约准备 ⊖
- 相关事项的再次确定
- 主动与业主、客户联系，提醒相关事项
- 再次梳理可能发生的问题
- 清理签约现场
- 事先准备好合同文本及相关证件

熟悉合同签订流程 ⊖
- 拟定合同
- 签约准备
- 双方当场签约
- 恭喜买卖双方
- 权证变更事宜的移交

做好带看前的准备

【要而言之】▶▶▶

　　带看前经纪人应该做好充分准备，约好看房时间，做好路线规划，准备好备用房源，对于客户可能提出的问题，准备好相应的应对话术。

【详细解读】▶▶▶

一、时间安排

1.与客户约好看房时间

　　和客户约定看房时间时，房地产经纪人员可以这样问："×先生/小姐，我帮您找到了一套房子，在××地方，房子各方面的条件都跟您的要求比较吻合，不知您今天下午四点还是五点有时间看呢？"设定两个时间让客户选，成功的概率会比较大。如果客户推说没空看房的话，应当马上落实下次看房时间。

2.与业主落实看房时间

　　约好客户之后，应马上落实业主的看房时间，如与业主的时间不能达成一致，则必须马上协调（一般采取的说法都是一方临时有急事，如忽然接到开会的通知等），直到约定在同一时间。

　　小提示　约业主时要约时间段，在约业主时就对他说："×先生/小姐，我们的客户会在几点到几点或者几点钟左右会去您那里看房。"时间段不宜过长，最好不超过半个小时。而约客户则要约时间点，要一个准确时间，几点就是几点。

二、提前与双方沟通

1.提前与客户沟通

与客户交代不要直接和业主谈价钱，防止跳单。可以这样说："您看好房子了，不要直接和业主还价，您想出什么价格回来和我们说，我们去帮您谈。如果您直接还价的话，业主会觉得您肯定看上他的房子了，他的价格就不容易降下来，对您是非常不利的。"

2.提前与业主沟通

带看前要先和业主打好招呼。如果客户问价钱，就让客户直接找中介谈，可以这么跟业主说："× 先生，我们一般情况下会跟客户把您的房屋价格说得高一点，因为我们也想卖高点，多收取一点中介费。另外客户看了您这个房子之后，肯定也会砍价，所以客户如果问房屋卖多少钱的话，您只要说'已经委托给中介，与中介谈就行了。'"

 情景再现

带看前与客户沟通话术

1.约看客户时的铺垫

（1）张姐，大家都约三点半，我专门给您提前约了半小时，咱们先看，以免其他人看上。

（2）这个户型两年来就出来这一套，已经有好几个客户等着了，您一定要尽早过来，最好带上身份证和定金，看好了咱们别错过。

2.客户在店里时的铺垫

（1）看房时满意了也不要显露出来，看房时间不宜过长，便于我们议价。（房子看久了，没问题也能看出问题，所以不能让客户看太久）

（2）不喜欢房子的某些地方，也不要在房子里当着业主直接指出。（不要当着业主面挑毛病，避免矛盾激化）

（3）不要询问业主关于房子价格的问题，也不要和他说太多话，否则

他该觉得您着急买，到时我们不好给您谈价格了。（避免业主过早透露底价，影响后面的谈价）

（4）如果错过这套就真的很难找到比这套更好的了。看房不容易，要抓紧机会和时间，房子稀缺，错过就没了。

（5）同事带的那个客户特别有意向，您赶紧过来看吧，不然咱们连看的机会都没有了啊！

（6）您大约过来几个人看啊？最好和家人一起来看，业主这边不太好约，就能看这一次。

（7）您和您的爱人都过来吗？您今天看好了能定吗？那您带着定金过来吧，无论行与不行，钱都是在您那里，不行咱们就不定呗，但是我保证这套房子您一定会喜欢的。（让客户带定金过来，尽量要求决策人来或者夫妻一起来，免得看好后以此为借口拖延成交）

三、了解看房人数

看房前要了解客户是多少个人来看房，如果是多人看房，而业主又住在里面，那就有必要让同事帮忙一同去看房，防止买卖双方通过小纸条等方式，相互留下联系电话，从而造成跳单的现象。

四、了解房源情况

1.选择带客看房的路线

带客看房时一般会有以下几条路线：有的繁华；有的幽静；有的脏、乱、差。选择好合适的路线，可避免因路线不熟，而给客户带来不必要的购房心理障碍。

2.熟悉小区周边情况

有的客户根据情况与你约定在所要看的房子附近的某个地方碰头，此时只有熟悉该小区周边的情况，才能选择一个好的地点。注意应避开一些敏感的地方，如中介公司密集的地方等。

五、备好看房物品

经纪人应准备好带客看房前的物品，如名片、买卖双方的电话号码、看房确认书等。

六、准时守约

经纪人如果临时有急事而确实赶不上时间时，则一定要给客户和业主打电话，并表示自己的歉意。

休闲小吧

两个男同学同时喜欢上一个女孩，一个男孩一上去就表白，结果把女孩吓跑了。另外一个男孩跟着女孩去图书馆看书，发现女孩正准备离开的时候，上前搭讪：同学能借我10元钱吃面条吗？钱包丢宿舍了，这是我的学生证，你给我手机号，回头还你钱。女孩想了想说：行吧。正掏钱，男孩又说：要是能借20元钱，我请你也吃一碗。结果，两个人就这么好上了。

点评

商机不是摆在眼前的机会，也许需要你有点创造性。

注意带看中的细节

【要而言之】▸▸▸

从接待客户，到带客户看房，这中间可能需要一段过程，在此过程中，经纪人也要注意一些细节，否则，将前功尽弃。

【详细解读】▸▸▸

一、在路上

（1）在带看路上要注意与客户多交谈。鼓励对方自我展示，同时表现出诚实、坦率。积极提问，通过提问从客户回答中获取需要的信息，巧妙地问一些客户感兴趣的问题，还能取得客户的好感。有时提问也是一种手段，可以将客户从偏离的话题中拉回正题。再者，通过你与客户的交谈，也可以让客户慢慢熟悉你，并逐渐对你产生信任感。

（2）路上你还可以适当地说说预订的作用，如"好房子一定要迅速下订，不然很快就会被其他人买走"等，为以后促使客户下订做好铺垫。

（3）如果房子有明显的缺陷（采光差、斜顶等），在路上要稍做铺垫。楼盘的大环境有明显缺陷（物业差、配套少）时，也可在路上稍做铺垫。这种明显的缺陷是瞒不住的，提前做好铺垫可以让客人有心理准备，以便淡化缺陷，同时让其更信任你。

二、乘电梯时

看电梯房的时候，必须注意进电梯时要让客户先进，出电梯时也要让客户先出，避免客户被电梯夹住。

三、爬高层楼梯时

如果看的楼没有电梯，可以在走到四五楼的时候，就在楼梯平台那里停留一会儿，缓一缓，让客户感觉上高层楼梯也不是非常辛苦。停留的时候介绍其他的一些东西，如外面的风景之类的，千万不要说"太累了，休息休息吧"这样的话。

四、进房后

（1）不用介绍买卖双方认识，避免过多的话语。

（2）看房时根据情况紧跟着客户和业主，防止客户和业主互留电话。如果发现业主和客户互留电话则马上阻止。

（3）向客户介绍房子时，对于客户指出的缺点不要过分掩盖，利用话题将其注意力引到房子的优点上来，并且告知客户世上没有十全十美的房子。

（4）如果客户有意向，一定要趁热打铁，引导其下定金。如果客户对房子不满意，就根据其需求进行进一步的、有针对性的带看。

小提示

　　带看时要尽量让客户进入已经购买的状态，比如可以说"您家的阳台""您家的门"等，让客户感觉这个房子就是他的。

五、带看后的工作

在带客看完房后，要做好以下工作。

（1）检查门窗、水、电源等是否关好。

（2）与客人探讨所看房屋是否达到或接近他们的要求。

（3）如果客户不能明确地答复时，则应尽量了解客户的想法，从而为下一步的跟进做好铺垫。

（4）与客人预约下次看房的时间。

六、注意事项

在带看过程中一定要注意以下事项。

（1）不要让客户和业主有过多的接触和交流。

（2）带看完后尽量将客户拉回店里面或者一定要将客户送走，以防止客户回去和业主私下接触，导致跳单。

（3）客户一旦对房子产生了很大兴趣，就一定要引导其马上下订，不能拖，一定要趁热打铁。一般的做法就是把客户拉回店里面，常用的理由是："我们回店里面休息一下吧，我给您算一下买这个房子还需要什么其他费用。"回店之后就可以跟客户慢慢谈，引导客户下定金。

（4）制造一些紧张的气氛。可通过以下方法来营造：如果是有钥匙的房子，则可以安排多组客户在同一个时段看房，时间间隔几分钟，营造热销气氛；明确告知客户，该房已被多名客户看中，不马上下定金的话下次来很可能就没有机会了。

 **情景再现**

带看后与客户沟通话术

（1）先生，我们去我们店里喝一点水，顺便我帮您算一下税费吧！

（2）您觉得这套房子怎么样？我觉得真的很不错，真的很适合您。

（3）我给您推荐的这套房子满足您的各项要求，而且是性价比最高的一套。

（4）您现在就和家人商量一下吧，这种好房子基本上两天就卖出去了，您不早点决定就真的错过了。

（5）王先生，您担心哪方面呢？价格？交易流程？还是……（要引导他说出自己不满意的地方）

（6）买房正如我们买衣服一样，一直总觉得还有更好的，但等到发现没有更合适的再回过头来时，原来的已经没了。

避免带看常犯错误

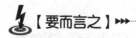

对于带客看房中常犯错误必须避免，俗话说："犯错误不可怕，可怕的是犯相同的错误。"因此，经纪人要谨记，避免犯以下常见的错误。

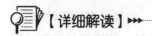

一、过于迁就客户

客户买房时通常都会比较谨慎及犹豫，这就需要我们进行推动，约客看房时不要问"您什么时候有时间看房？"这样问大部分都会得到同样一个答案："有时间再约吧。"因而，约客看房时，经纪人一定要直接问他："您是上午有时间还是下午有时间？"尤其对于一些热销二手房，如果约客约得晚，就只能看着别人成交了（我们一定要把这些信息巧妙地传递给客户，让其产生紧张感，然后抽时间来看房）。

二、见面不知如何沟通

有些经纪人与客户见面时不知如何沟通，主要表现形式如下表所示。

与客户见面不知如何沟通的表现形式

表现形式	具体细节
害怕、怯场	如果自信心不足，会令客人对你信心不足，不敢将置业大事托付于你
不知道应该讲什么	由于行业知识不足，或者以往与陌生人接触不多，因而不能营造轻松愉快的谈话氛围

续表

表现形式	具体细节
不敢介绍	在接触客人的过程中，因为害怕讲得越多错得越多，往往会保持沉默，甚至经常出现冷场。这种情况会令客人不想和你沟通，觉得你很冷淡，导致看楼后很难再跟进
不知怎样提问	很多经验不足的经纪人只会问客人贵姓、需要何种类型的房屋、购房的预算等。这些问题也一定要问得有技巧，不能单刀直入、不加修饰。其实客户初次接触我们，最容易被套出心底话，因为客人都希望我们能帮到他，所以客人很乐意提供资料，因此，懂得怎样提问题非常重要

三、不熟悉环境与楼盘

不熟悉环境与楼盘的表现如下表所示。

不熟悉环境与楼盘的表现

表现形式	具体细节
不熟悉环境	对于楼盘的周边环境不熟悉，当客人忽然提出一些问题时，往往哑口无言
不熟悉楼盘	这是行业大忌。对于客户来说，他们认为经纪人就如计算机一样，问你楼盘资料时，你必须能及时回答，否则客户对你的印象就会大打折扣，所以经纪人一定要对所负责的楼盘非常熟悉
不熟悉房龄、户型、面积等	这个弱点会令客户失去信心，买房是人生大事，每个客户都会有很多疑虑，如经纪人的回答不能令客户满意，客户就会怀疑你的专业性和业务能力
不熟悉所推荐房屋的详细情况	客户想进一步了解你所推荐房屋的详细情况时，如果你都说不出来，客户会没有信任感
怕答错问题	经纪人在和客户交流的过程中，应大胆假设、小心求证、勇于交谈。不小心讲错时，可以诚恳道歉，继而及时提供正确的答案

四、不了解客户真正需求

经纪人应了解客户的真正需求，具体如下。

（1）希望的价格、面积、户型。

（2）几个人住？谁是购房的最高决策者？

（3）置业所考虑的地点。

（4）需要在什么时候要买到房？看房花了多长时间？

（5）买房的动机（自住、投资、为工作、为生活、为孩子上学、为父母等）。

五、只管带路，不会解说

1.进到房屋里面时不知说什么

看房时，有些经纪人因为对楼盘不熟或怯场、经验不足，往往不知道怎样介绍，或者一味地说好话，甚至有时遇到楼盘景观不好、房间装修简陋都不知道怎样解释，导致客户对房屋印象模糊甚至差劣，又让业主觉得你没有能力帮助他，两边不讨好。

2.不知道业主姓名

业主也是我们的客户，他也同样给我们佣金，如果你记错业主姓名，就会错失一个给业主留下好印象的机会，以后谈价时就不能营造出好的氛围。

3.不知业主背景、放盘的原因

很多时候客人都很想知道业主为何卖房，所以要多了解业主的背景，这有利于说服客户，拉近与业主的关系。

小提示

在看房时，要善于察言观色，关注业主和客户的反应，了解房屋的优劣。当发现某方特别想买或者特别想卖时，应及时采取相应措施。

六、不懂报价

当客户问到一套房子的价格时，有的经纪人不知道怎样报价，报得太高怕把客户吓跑了，报低了又怕客户还价时没有空间。其实，如果你感觉到客户已经非常了解行情了，你就报一个实际一点的价格，这样有助于客户做出判断。请记住：比"最低价"高一些，永远好过无价可还。

七、看房后不送客

现在地产中介店铺林立、同行遍地，看完房后应尽量把客户送到车场或送上车，这样就避免了被同行拦截的可能。

八、看完就走

有的经纪人在带客看完房后就走了，也不关闭窗户、锁好大门、关掉屋内所有的水电设施，这很容易给客户留下不负责任的印象，从而影响他对你的信任。

九、没有向业主回复客户的情况

带客户看完房后一定要向业主回复客户的情况，顺便利用客户所说的房子的缺点向业主压价（此举能够借客户的意见来打击业主的信心，为日后的砍价打好基础）。

情景再现

带看后与业主沟通话术

（1）王先生，客户刚看了房子后很满意，但是觉得320万元的房价确实有些高了，您想谁买房子不想买个性价比好点的啊。您看310万元这个价格行不行？（以客户的口吻说出问题，然后顺势议价）

（2）王先生，说心里话我也想帮您多卖一点，那样我们的佣金还能多收一点呢，可是咱的房子的确存在这样的问题啊！（根据房子的缺点来议价，但一定要以客户的口气说出来，要和业主保持良好的关系）

（3）客户不是特别满意，但如果价格相比别的房子有优势，客户也能接受。不知道王先生您这边怎么考虑，要不要再争取争取？（把是否降价的问题抛给业主）

休闲小吧

三个旅行者同时住进一家旅馆。早上出门时，一个旅行者带了一把雨伞，一个拿了一根拐杖，第三个则两手空空。

晚上归来时，拿着雨伞的人淋湿了衣服，拿着拐杖的人跌倒后全身是泥，而空手的人却什么事情都没有。前两个人都很奇怪，问第三个人这是为什么。

第三个旅行者没有回答，而是问拿伞的人，"你为什么淋湿而没有摔跤呢？"

"下雨的时候，我很高兴有先见之明，撑着雨伞大胆地在雨中走，衣服还是淋湿了不少。泥泞难行的地方，因为没有拐杖，走起来留意翼翼，就没有摔跤。"

再问拿着拐杖者，他说："下雨时，没有伞我就拣能躲雨的地方走或者是停下来休息。泥泞难行的地方我便用拐杖拄着走，却反而跌了跤。"空手的旅行者哈哈大笑，说："下雨时我拣能躲雨的地方走，路不好走时我细心走，所以我没有淋着也没有摔着，你们有凭借的优势，就不够仔细留意，以为有优势就没有问题，所以反而有伞的淋湿了，有拐杖的摔了跤。"

点评

在营销过程中，优势是相对的，只有凭借客观的营销环境创造优势才能够取胜市场。

收意向金促成交易

【要而言之】▶

意向金是购房客户表示购买诚意的"试金石"，是房地产经纪人员迈向成交的关键，它是对客户心理的牵绊，可以增加房地产经纪人员在谈判中的筹码。

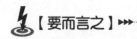【详细解读】▶▶▶

一、向客户介绍意向金

有很多客户并不了解意向金，一提交钱就反感，此时房地产经纪人员就要耐心地向客户解释付意向金的好处，具体如下。

（1）意向金可以保证您的购房权益。如果业主签收您的意向金后，意向金自动转为定金，就算有其他客户出的价格比您高，业主也不能反悔，否则就要双倍返还，这对业主是一种制约。

（2）意向金是向业主表示您买房的诚意。一般业主都很忙，有了意向金业主才会拿出诚意来谈，这样谈成的概率会更高。

（3）业主基本都是"见钱眼开"，带着您的意向金去跟他谈条件或价钱，会有效得多。

（4）付意向金是向业主证明您有这个实力，不是看着玩，是真的要买房的，这样谈的效果会好一些。

（5）占领先机主动权。有些业主会把房子挂在多家中介公司，谁先付钱就先跟谁谈或者卖给谁。

（6）公司的规范和操作流程，对双方负责任的体现。

向客户介绍意向金的好处时，也可多介绍公司的背景，从而让客户感受到：我们的公司那么大，怎么可能会欺骗他呢？我们之所以这样做，是真正为他考虑。房地产经纪人员要学会添油加醋，制造紧张的气氛，给客户一种他不付意向金可能就买不到这套房的错觉，从而让他在恐慌中定下来。收意向金时，要趁热打铁、速战速决。此时你也可检测一下该客户的诚意度。

 **情景再现**

向客户解释付意向金的话术

（1）我们知道您的诚意，但业主不知道您有购买的诚意。如果我们和业主议价，业主可能会很保守，这样价格也谈不下来，所以我们不付意向金就无法谈价。因为我们经常碰到这种情况，这样会白白浪费您许多时间，做很多无用功。因为业主也担心要是自己答应了，没有客户成交，却把底线给透露了。这样他会很被动，所以一般都很谨慎，您说呢？您付了意向金，那业主"见钱眼开"，放松了警觉，这样是不是更容易谈价格呢？

（2）您也知道目前市场上这类房子出来的很少，看的人又那么多。如果别人看了也满意，比您早付意向金，那么业主会卖给谁呢？

（3）我们收您的意向金，主要是帮您向业主议价。您放心，如果价钱谈不下来，××天后立即无息返还，不收您一分钱。××天后，价钱谈不成，您来公司时提前通知我们，我们就可以让财务做好准备，等您来拿钱。您放心，我们会尽最大努力帮您谈价的。

二、收取意向金的时机

当客户有以下表现时，房地产经纪人员可以适时向客户提出收取意向金。

（1）客户询问有关房屋事宜的问题量。

（2）客户对房屋的关注点。

（3）信号性的问题：最低多少钱卖？

（4）我以前看过一套类似的，就是价格相对便宜或装修相对好一些。

（5）贷款能贷多少？价格包括税吗？

房地产经纪人员要学会透过现象看本质，只有收到意向金，争取了更多的时间，才能顺利解决其他谈判上的细节问题，达到想要的结果。

小提示

三、收取意向金的技巧

1.怎样开口向客户收取意向金

在销售的过程中，收取意向金是关键，切忌说话太过直接，一定要循序渐进，运用暗示性的语言，给客户制造无形的压力。可以这样说。

"您觉得这房子房型还满意吗？"

"房子的位置挺好的吧？"

"房型利用率挺高的吧？"

"小区环境挺好的吧？"

经纪人应尽量多地提出可以让客户给予肯定性回答的问题，突出房屋的优势，只有客户对我们推荐的房子有了购买的意向，我们才有收取意向金的机会。如果客户对我们提出的问题是肯定性的回答，那么一定要带客户回到店里详谈，用什么样的说辞可以使客户跟随我们回店里详谈呢？可以这样说。

"给您推荐了几套房子，看您对这套房子感觉还可以，我也感觉这套房子的性价比挺高的，您和我一起回店里，咱们一起算算这房子要出多少钱买合适？怎样办手续对您来讲能划算一些？"

作为经纪人一定要让客户感觉我们做任何事情都是站在客户的立场，为客户着想。

店内谈判时，团队之间一定要进行必要的配合，给客户制造紧迫感，抓住时机制造意向第三方，"逼迫"客户交意向金。

2.对不同的客户运用不同的方法

房地产经纪人应针对不同的客户运用不同的"战术"，运用"战术"的前提是充分了解客户的购买能力、购买意向以及客户的性格，知己知彼，方能百战不殆，如下页表所示。

对不同的客户运用不同的方法

客户类型	客户特点	应对方法
首次购房客户	（1）看房积极，没有主见 （2）缺乏对房地产交易流程以及相关手续的了解 （3）涉及交钱的问题时比较谨慎多疑	（1）慎推荐，勤沟通，易转化 （2）在看到合适的房子以前就告知意向金的用途（举例子） （3）对于客户不了解的手续环节以及专业性知识要耐心地讲解，通过前期服务提高客户的信任度，消除客户的恐惧感
长期未成交客户	（1）有意向，但不一定每次推荐都到场看房 （2）对交易流程以及政策法规一知半解，断章取义 （3）不会轻易付意向金，即使付金额也会很低	（1）推荐房源量少质优，切忌说话夸张 （2）与此类客户面对面交流，尽量多观察少说话 （3）以周到、热情的服务打动客户，让客户感知我们的忠诚度，建立客户的信任感，不宜操之过急 （4）再少的意向金也要收
已有购房经验的客户	（1）不轻易看房，但行动果断 （2）对房地产知识以及相关手续较为精通 （3）跑单率较高	（1）深入了解客户真实需求，推房要优质 （2）多针对房子进行沟通 （3）尽量少的运用假意向，态度要真诚 （4）水到渠成，客户自然会交意向金

休闲小吧

当一个玻璃杯中装满牛奶的时候，人们会说"这是牛奶"；当改装菜油的时候，人们会说"这是菜油"。只有当杯子空置时，人们才看到杯子，说"这是一个杯子"。同样，当我们心中装满成见、财富、权势的时候，就已经不是自己了；人往往热衷拥有很多，却往往难以真正地拥有自己。

点评

每过一段时间放空自己，想想自己真正要什么，不忘初心方得始终。

巧妙应对客户推托

【要而言之】▶▶

　　客户有时候会用一些拒绝的说辞来推托，这时经纪人员要根据不同的说辞找到相应的化解方法。

【详细解读】▶▶

一、家里人不同意

1.出现原因

　　出现这种情况可能有以下几种原因。

　　（1）有可能客户家里人真的不同意。

　　（2）客户的一种借口。

　　（3）客户以及家里人对楼盘本身不清楚。

　　（4）客户生怕家里人有意见而说的。

2.应对话术

　　针对上述列出的原因，房地产经纪人员可以按以下话术来应对。

　　（1）您家里人不同意是可以理解的，因为他们和您一样开始也不太了解我们的楼盘，等他们了解后再说吧！不如约个时间和他们一起到我们现场参观一下，您看星期一还是星期二好呢？

　　（2）是吗？这么重大的事与家人商量是应该的，不过您是一家之主，您自己觉得如何？如果您觉得好，我想，您家里人肯定会同意的。

　　（3）其实买房子是一件好事，所以他们是不会反对的，只要您到现场参观一下，作一个全面的了解，再回去和他们商量，我相信他们也会来看看。

（4）事实上，购房最大的受益人就是您家里人，他们有意见我想一定是对房子不太了解，这样吧，由我们出面向您家里人介绍一下，有问题当面沟通好吗？

二、先看看别的

1.出现原因

出现这种情况可能有以下几种原因。

（1）客户有货比三家的习惯。

（2）客户可能对别的楼盘更感兴趣。

（3）客户还在考虑中。

2.应对话术

针对上述列出的原因，房地产经纪人员可以按以下话术来应对。

（1）您是个识货的人，知道货比三家不吃亏，但我觉得这套房在位置和环境方面比较适合您，您最好到现场详细了解一下。

（2）先生（小姐），最重要的是您想要哪种类型的住宅，然后再从中选择，我对其他楼盘也比较熟悉，我们可以一起分析，我相信××花园一定适合您。

（3）您考虑得很全面，买房确实是一件大事，但现在您既然已经来了，就让我详细地向您介绍一下（马上展示资料或带去看楼）。

三、我刚买房了

1.出现原因

出现这种情况可能有以下几种原因。

（1）客户有可能真的在其他地方或者在我们的楼盘买房了。

（2）有可能随便说说。

2.应对话术

针对上述列出的原因，房地产经纪人员可以按以下话术来应对。

（1）恭喜您！您买的房子一定很漂亮，今天我们既然碰上了，就让您了解一下我们的××花园，您也可以对比一下，如果觉得好也可以介绍您的朋友来向我买呀。

（2）那太好了，我现在可以向您介绍一下我们的物业管理情况。

四、朋友是房地产公司的

1.出现原因

出现这种情况可能有以下几种原因。

（1）确实有朋友在房地产公司。

（2）随口说的。

2.应对话术

针对上述列出的原因，房地产经纪人员可以按以下话术来应对。

（1）如果您觉得我们也可以成为朋友的话，那么在购房的时候您又多了一个参谋。

（2）您的朋友在房地产公司，那您一定对房地产有所了解，但现代社会，购房不一定要从朋友那里买，而是要看哪个楼盘前景、环境以及条件比较好，可不可以给我一个机会，让我详细介绍一下？如果您不满意，可以大大方方地拒绝我，而不必碍于情面。

五、佣金收得太贵了

1.出现原因

出现这种情况可能有以下几种原因。

（1）不太认同佣金。

（2）在客户的心目中，做推销的都是靠佣金"吃饭"。

2.应对话术

针对上述列出的原因，房地产经纪人员可以按以下话术来应对。

（1）我们的费用是经过物价局审批的，另外，我们公司大部分费用都是国家部门收的，不知您具体指哪部分的费用？

（2）是否我们有同事向您收取佣金了？有很多人都像您这样认为，这都是对我们不了解，其实我们只是向您推介房子而已，也希望我们的介绍能给您提供一些参考。

 **情景再现**

有关收取佣金的话术

1.客户要求佣金打折

（1）我们公司就是追求卓越品质，我一定努力从找房、谈价到售后服务各环节都让您满意，让您觉得付出这些佣金是值得的！

（2）我努力帮您找房源、谈房价，为您提供各项服务，保证交易的资金安全，相信这些比什么都强，您说呢？

2.客户要求过完户再付佣金

我们公司规定签约当日就要收佣金，如果没有收的话我们没有办法把单子交到总部，这样我们就不能开展后续工作。

3.客户说佣金不打折就去其他公司

（1）王先生，相信您找我也不是为了佣金打点折吧？一定是相信我们公司的品牌，相信我们的服务才找我们。买房的关键是资金安全，法律上不要有什么风险，服务品质也能有保证，您说呢？

（2）我们这边佣金可能比别人的高一些，但是我有能力把房价给您谈到××万元，而且您也看得出我在服务上的用心。

4.客户要求私签

（1）王先生，谁敢收您这两万元钱啊？这样的人您敢让他做吗？房产这么大价值的商品，交易过程都是很专业的，包括法律中的问题、资金风险的问题，一旦有什么问题就不是两万元而是几百万元的事了，还会耗费您无数的精力、时间，到时候谁会为您负责？

（2）我们公司是一家正规的大公司，可能别的公司会这么做，但是我们不会因为一点个人利益而损坏公司的利益和品牌，王姐您也是明事理的人，您放心，我一定会帮您把房子的事弄好，我还指着您以后多介绍朋友给我呢。（说话别太严肃，笑着说）

5.客户担心过不了户而不肯付佣金

如果是因为我们的责任导致无法过户，我们会全额退款；如果是买卖双方有一些没做到位的导致延迟过户，我们会协调双方争取早日过户。

6.客户认为交完佣金就不用交过户费和贷款服务费了

王先生，是这样的，佣金是我们业务部提供的居间服务的收费，过户费用是我们后期权证部收的费用，贷款服务费又称作担保服务费，是担保公司从您贷款到放贷款给业主时做担保而收取的费用。我们是做品牌的，不会乱收费用，这个你放心。

7.客户说如果佣金不打折就直接找业主

王先生，可能我们前期的服务有些做得不到位的地方，才让您有了这样的想法（以退为进，先抑后扬。先承认自己的不足）。我们的佣金真的是打不了折扣，但我可以保证今后的服务会做得更好（话不要说得太死，并承诺提高售后服务质量，提升对方满意度）。我知道王先生是有素质的人士，我相信您不会为了这么一点佣金而违背了您自己的原则。

六、不想交订金

1.出现原因

出现这种情况可能有以下几种原因。

（1）怕上当受骗，回去被亲戚朋友取笑。

（2）对小订的意义不清楚。

2.应对话术

针对上述列出的原因，房地产经纪人员可以按以下话术来应对。

（1）一般情况来说，您的想法有一定的道理，但是现在我们每天都有很多客户来看房，不知您今天看好的房子明天还有没有，因此小订有好处，更何况这也是我们公司坚持先到先得的原则，对您可以说有百利而无一害。

（2）您的观念很好，但是请问您一下，什么时候能够过来成交呢？如果今天不能决定下来，那最好还是落个小订，这样您所看中的房子就有了保障，要不然其他客户看上了我也没办法，对不对？

（3）您既然不能马上决定下来，落个小订我们有三天时间让您充分考虑，并且在这三天内，就算有客户看上了，我也会先征求一下您的意见再出售，更何况小订的钱无论您买不买都是要退还的。

休闲小吧

从前，有个秀才去京城应试。途中，在一小店投宿，将马套在门口的木桩上，天亮准备上路时，马却不知去向。于是，秀才开始四处找马。

他找了一整天，都没见到马的踪影；第二天，他远远看见前面好像有一匹马，但走近一看，却是一头驴，他失望地摇了摇头，继续往前走。

第三天，他又见到前面有匹马，心中暗喜：这回该是我的那匹马了吧，但走进一看，还是一头驴。他又走了，仍是每天都能看见一头驴，但他一直没有理睬这些驴，只是在寻找自己的马。考试的时间一天天临近，而这位秀才终因精疲力竭而死在找马的路上。

点评

寻找客户是每个销售人员每天所做的首要工作，但是每天在做这项工作的时候，首先应思考的问题是：客户可以为我带来什么？我需要的是什么样的客户？怎样找到合适的客户？因循守旧、缺乏权变思维的销售人员是不会找到自己的客户的。

熟练掌握议价要领

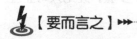【要而言之】▶▶▶

房地产经纪人员在服务的过程中要面对业主和客户，议价的对象也包括业主和客户。要想让客户心服口服地买下房子、让业主心甘情愿地卖出房子，需要房地产经纪人员有很好的议价功底。

【详细解读】▶▶▶

一、议价前提

议价的前提是带客户看完房后，客户表现出强烈的购房意向。当客户表现出这方面的意向时，经纪人应该做好以下工作。

（1）应将客户立即带回公司。

（2）再次肯定和赞扬客户的眼光，适时地对客户描绘买下该房产的前景和利益，增强客户的购买欲望。

（3）到达公司后，礼貌地请客户到洽谈室就座，并及时送上茶水。

（4）向客户介绍公司的概况和售后服务的完善，提高客户的信任度，打消其后顾之忧。

（5）根据带看现场过程中客户的神情举止，针对客户认同的房产优点，有序地引导客户洽谈购买事宜。

比如："×先生/小姐，这个小区的环境好不好？"

"对这套房子感觉怎么样？"

"户型满意吗？"

"采光好不好？"

要抓住已有的优势及有利条件，让客户做肯定式的回答；得到客户的肯定回答后再继续逼近主题。

比如："×先生/小姐，既然您对这套房子很满意了，那房子的价格是不是可以接受？"

二、与业主谈价

谈价是房地产交易中最重要的一环，是比较复杂的一个步骤。经纪人与业主谈价时要运用下表所示相关技巧。

与业主谈价的技巧

技巧	具体内容
挑剔房屋的缺点	陈述房屋的缺点（如户型格局、周围环境、采光、装修、裂缝、漏水等），告知其开出的价位有问题
比较市场行情	列举近期成交的市场价位，引导业主给出较合理的价位
更换谈判的人	如果谈判陷入僵局，不妨换个人试试，也许能柳暗花明
更换谈判地点	原先在业主家里谈，环境由他控制，可以换个场所试试，比如请业主来一趟公司，或请到咖啡厅喝杯咖啡……因为换了地点也换了气氛，在价格沟通方面也许会有突破
调停者适时介入	当谈判陷入僵局时，可以请对方信任或专业的人从中调和
一人一半，大家都公平	在建议价格时，将其中的价差来对半处理，不断强调其实差得不多，双方各让一半
投其所好	有些人喜欢听好话，正所谓"礼多人不怪，嘴甜人人爱"。以赞美的语句来调和业主的情绪，再乘机做价格方面的沟通
利用好时机	如刚好遇上新政策出台或者市场淡季等，可以用大环境来向业主施加压力

销售语录　善于找出你目前最大的障碍并不断完善。每一天都要不断地检讨自己的工作和绩效。成功需要改变，成功需要行动。

 **情景再现**

业主期望值太高，如何引导

经纪人：×先生，我理解您的想法，我们也希望您多卖一点，我们的佣金也可以多收一些，但是，您也知道，现在的房价很透明，不是由您或我能决定的，是由市场决定的，像您这房子要卖这价格，比较难出手。

客户：多少钱比较合适？

经纪人：×先生，您为什么要卖这价格？我相信您也去了解过行情。

客户：原来买的价格+装修价格，我的装修很好。

经纪人：×先生，我相信您的装修确实不错，前几天在×××，我们也卖了一套面积一样，装修很漂亮，就是楼层没您这套好，他就卖257万元，您可以做个参考。如果只是为了迎合您，说可以卖到268万元，到时卖不掉，对您来说也是很不负责任的。不如我们先去看一下房子吧！看了以后我心里比较有底，也比较方便销售，我们公司帮您免费评估。

客户：不用了，有客户再带过来吧，我就卖这个价格。（房东比较坚持，保护意识较强的情况下）

经纪人：那您看您这边价格能不能往下调一些，我先跟客户报264万元，您看可不可以？客户看满意后，我再与您商量。

客户：那先按这个价格来报吧。

三、与客户谈价

1.适度坚持价格

不经过一番磨价，谈判刚开始就主动让价或很快就失去了耐心，那经纪人在谈判中肯定会失去主动权，被客户"牵着鼻子走"。坚持价格时可采取一定的方法，具体如下图所示。

以优惠代替议价		通过商家促销常见的"买一送一""买一送二"和售楼中的免管理费及送家电等方式，应对客户较大的让利要求，以保证商家的利润空间
强调物超所值	☞	通过强调物业的优点来软化客户的态度
明码实价	☞	给出实在的价格，让客户多去比较别的楼盘，权衡利弊一番，这样往往客户会主动投降，接受我们的价格

坚持价格的方法

2."一次出价"探底价

"那你认为多少价钱适合呢？"这样就可以问出客户心目中的价格，达到先发制人的目的，从而取得谈判的主动权，从容地面对客户。

3.遣将不如激将

谈判谈得差不多了，如果客户提出的价格又在底价之上，经纪人不妨来个激将法："如果是这个价格，您现在就能定下来吗？如果可以我就请示经理（上司）！"若回答是肯定的，经纪人就要快刀斩乱麻，以免夜长梦多。

 **情景再现**

如何应对还价太离谱的客户

经纪人：陈先生，昨天我们看的那套房子，确实不错吧。上个月我刚卖了一套差不多的面积、装修还没这个好的房子都卖了125万元，您看这房子，您能出多少钱？

陈先生：120万元，如果120万元我就买。

经纪人：120万元（惊讶状），陈先生，我也理解您，作为您买方讲都希望价格低些，其实我们立场同您一样。但是，我觉得这房子，肯定不可能，因为这房东您也见过，而且房子的情况您也知道。房东人是比较实在的，我做这也是很专业，像房东开这价格真的比较实在，在这附近也找不到这么便宜的房子，假如，陈先生您有诚意的话，也出一个比较实在的价格。

陈先生：也差不多啦，我这价也很高的。这房子也不是说很便宜，我朋友上个月也刚买了套差不多的，才花110万元。

经纪人：陈先生，我想请问一下您朋友的房子在哪个中介公司买的？

陈先生：他自己买的。

经纪人：那是很便宜，那您朋友真幸运买了这么好的房子，不过现在要买那么便宜的房子，真的找不到了。唉！如果让您朋友赚10万元钱卖给您不知道他肯不肯？

四、对方出价的应对

有时候会遇到对方先出价，这时可采取以下应对技巧。

（1）不断强调房屋、环境或其他优点的价值。

（2）如果客户提出的价格已经可以答应，则可以提出一定的付款条件并答应他。

（3）若客户还没仔细看房屋就问底价，可回答："您先看房子再说，业主的开价很合理，保证您会满意。"

（4）若客户看完房子才问底价，可转移问题："您觉得房子还满意吧？这房子的优点是……您能付定金吗？"

细心做好签约准备

【要而言之】 ▶▶▶

　　签订合同是一个非常重要的环节，稍有疏忽，就有可能引发法律纠纷，给自己和公司带来不必要的麻烦。因此房地产经纪人员一定要在签订合同前做好准备。

【详细解读】 ▶▶▶

一、相关事项的再次确定

　　（1）房产权利现状再次确认：确定房产的产权证及所有权人；是否有共有人，共有人对房产出售是否持相同意见；是否存在他项权利；业主还贷能力如何，谁还贷；如属合同房，是一次性付款还是按揭付款，按揭银行、按揭年限、待还款额度、月供款等分别是多少。

　　（2）确定双方认可的付款方式。

　　（3）确定交易应付的税费或及因交易产生的相关费用。

　　（4）确定交易的确切时间及房产交付使用时间。

　　（5）确定原房产内的户口问题。

　　（6）确定维修基金及预交契税的归属。

　　（7）确定水、电表的数据及电视、煤气的过户问题。

　　（8）确定过户前存在费用的支付情况。

　　（9）确定随房产赠送的物品。

　　（10）确定佣金的支付方式。

　　（11）确定其他双方要求的特定问题。

　　（12）确定双方责任及违约处理，以及因交易产生的相关费用的支付问题。

二、主动与业主、客户联系，提醒相关事项

在约定的签约日期前一天或前几天，经纪人应主动与业主、客户联系，再次确定具体时间，并提醒相关事项。

（1）提醒产权人、共有人带上能证明房产产权的相关证明及个人身份证。委托人代理签署的，带上法律认可的委托书和个人身份证。

（2）提醒客户带上购买房产需要的定金、佣金及本人身份证。

三、再次梳理可能发生的问题

（1）回顾与客户的洽谈情况，对客户关注的问题和顾虑事项做一次认真梳理，为签约做好准备。

（2）事先分析签约时可能发生的问题，并设计好应对方法，以防不测。

四、清理签约现场

清理签约现场，保持现场的干净整洁，创造良好的签约环境。

五、事先准备好合同文本及相关证件

要整理好一式几份的合同文本，并将公司需配备的相关证件、印章、收据等都准备好。

销售语录

时间是检验房价的标尺。房子的品质是检验价值的标尺。

熟悉合同签订流程

【要而言之】▶▶

二手房交易会涉及的事项很多，为了保证业主、客户及房产中介三方的合法权益，房地产经纪人员一定要熟悉合同的签订流程。

【详细解读】▶▶

一、拟定合同

由于二手房交易的过程比较复杂，涉及的内容较多，应签订书面的合同，这是法律的强制性规定。二手房买卖合同应当具备下面主要内容。

（1）当事人名称或者姓名和住所。

（2）房屋所有权证书名称及编号。

（3）房屋基本状况（包括产权声明等）。

（4）房屋的用途或使用性质。

（5）房屋价款的确定方式及总价款、付款方式、付款时间。

（6）房屋交付及办理过户的日期。

（7）房屋装饰、设备标准的现状。

（8）权利义务内容。

（9）违约责任。

（10）解决争议的方法。

（11）合同生效条款。

（12）合同的中止、终止或解除。

（13）合同的变更与转让。

（14）双方约定的其他事项。

（15）合同附件。

二、签约准备

复印客户资料，并开好定金及佣金收据（收取佣金后，可视产权的完整性将定金转交房产业主，由业主签名并盖章确认）。

三、双方当场签约

双方签署合同，签名后并盖章确认。

四、恭喜买卖双方

恭喜买卖双方，同时，探听业主的资金流向，询问其是否有其他投资行为。

五、权证变更事宜的移交

请买卖双方填写"客户业务交接单"或介绍权证部同事与双方进行认识，告知双方办理手续所需的大致时间，并为双方指定办理时间及做好安排。

客户如办理按揭，应告知其所需准备的材料：身份证、户口簿、婚姻证明（未婚证、结婚证、离婚证及民政部门开出的其他证明）、首期款复印件、个人收入证明、按揭银行的存折、个人近一年内的银行流水账等。

 **情景再现**

签约过程中的沟通话术

1.业主提出先给钱再过户

房地产经纪人员：我们刚才跟您讲的二手房交易流程是最正规的，对双方的安全都是有保障的。其实按照正规的流程来走，跟您的意思差不多，具体我们是这样来做的。客户把房款打到您银行的账户上，银行将这笔房款冻结起来，客户拿不回去，您也不能支取。待客户拿到领证通知单后，银行会在两个工作日内放款，您就拿到您全部的房款了。

2. 业主不接受贷款

房地产经纪人员：客户向银行贷款，银行是一次性给您的，因此不管是贷款还是一次性，您都是一次性收钱，一次性可能需要一个星期，贷款基本上半个月您也就收到钱了，首付款和银行的贷款是同时到您账户的。

3. 客户要求自订合同或修改合同

（1）王先生，我们所采用的合同是××市建委统一使用的合同版本，是经过建委、工商局、中介协会共同协商才最终确定的。目前××市二手房交易全部采用这种合同范本，网签也使用这种版本，肯定不会有问题的，这一点您就放心好了。

（2）这是格式合同，您改了就无法网签了，不网签就无法交易过户。

4. 客户要求自己办理贷

房地产经纪人员：王先生，与我们公司合作的银行有很多，您可以任选。而且我们是长期合作，所以办理手续能更快些，从而保证效率。最重要的是业主希望用我们的合作银行，他认为其他银行不能保证安全。我们作为中介方也有义务保证双方如期拿到房子和钱，您说是吧？

休闲小吧

老师问弟子：一滴水如何能不干枯？弟子沉默不语。老师说道：一滴水，风能够将它吹干、土能够把它吸干、太阳能够把它蒸发，要想要不干枯，只有让它融入大海。

点评

一个人无力独撑天下，要想获得成功，就得学会与人合作，独木难成林，这就是我们常说的：再强大的个人都不如一个团结的组织。

销售冠军
成长记系列

二手房销售从入门到精通
从目标到业绩的高效销售技巧

第七章
客户跟进与维护技巧

导言

　　客户是房地产经纪人员的财富，做好客户的跟进与维护工作，提供周到细致的售后服务，可以赢得客户的信赖，从而为自己争取更多的潜在客户。

Sales

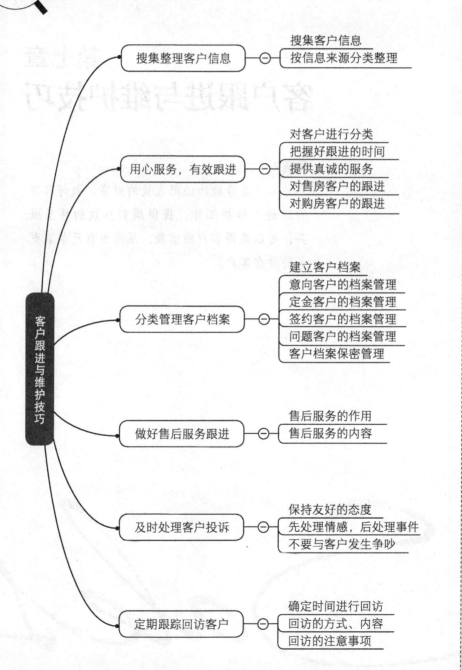

客户跟进与维护技巧

搜集整理客户信息
- 搜集客户信息
- 按信息来源分类整理

用心服务，有效跟进
- 对客户进行分类
- 把握好跟进的时间
- 提供真诚的服务
- 对售房客户的跟进
- 对购房客户的跟进

分类管理客户档案
- 建立客户档案
- 意向客户的档案管理
- 定金客户的档案管理
- 签约客户的档案管理
- 问题客户的档案管理
- 客户档案保密管理

做好售后服务跟进
- 售后服务的作用
- 售后服务的内容

及时处理客户投诉
- 保持友好的态度
- 先处理情感，后处理事件
- 不要与客户发生争吵

定期跟踪回访客户
- 确定时间进行回访
- 回访的方式、内容
- 回访的注意事项

搜集整理客户信息

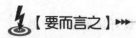 【要而言之】▶▶

目前，房地产中介经纪机构比较多，很多都是扎堆在一起，一家挨一家，所以房地产经纪人员必须做好客户的信息搜集与整理工作。

【详细解读】▶▶

一、搜集客户信息

了解客户的个人资料，有助于房地产经纪人员及时跟进客户并促成交易。从不同渠道得到的信息是不一样的，除了急于出售或购买房产的客户，一般客户都不愿意提供完整的信息和背景资料，这就需要房地产经纪人员通过各种途径尽量挖掘客户相关信息。

需要了解客户的基本信息包括以下内容。

1.出售房源客户

（1）客户姓名。

（2）联系电话、QQ、E-mail等。

（3）出售房源客户的物业所在位置。

（4）客户出售的房源的面积。

（5）周边环境。

（6）其他事项。

2.求购房源客户

（1）客户姓名。

（2）联系电话、QQ、E-mail等。

（3）意向房源位置。

（4）希望购买房源的面积、户型。

（5）周边环境。

（6）其他事项。

小提示

  整理客户的所有相关资料，越详细越好，最好能包括客户姓名、电话、住址、工作、收入、家庭情况、客户以及家庭成员的生日、个人兴趣爱好等。

二、按信息来源分类整理

  由于搜集信息的渠道多样，房地产经纪人员可以按照渠道来源对客户信息进行分类整理。

  （1）通过公开渠道获得的信息。

  比如，每天报纸上的有关房讯、房产信息；在互联网上搜到的租售信息；在本地论坛上发布的相关帖子等。

  （2）通过走动式查找收集来的信息。

  比如，通过广发小单页的回复信息；走访周边小区，现场查问的信息；扫街看到贴有房子出售信息，主动联系后得到的回复等。

  （3）通过采取合作的方式获得的信息。

  比如，同物业管理公司合作，达成协议，如果他们管辖小区有房子要出售的请联系你，房子出售后提成；同其他房地产经纪人员合作，有投资的客户电话都留给你，由你来找他们。

  （4）通过已成交的客户，定期回访，得到对方的信任和认可，由对方提供一些有价值的信息，而且，这种信息成功率较高。

用心服务，有效跟进

【要而言之】▶▶▶

不跟进，跟太紧，或跟进不及时都会导致客户的流失。因此，跟进客户也需要有一定的技巧和经验，让客户不反感，才能提升业绩。

【详细解读】▶▶▶

一、对客户进行分类

房地产经纪人员每天都会遇到各种各样的客户，但并不是每个客户都是优质客户，这时候就需要对客户进行分类管理，主攻优质客户，把好钢用在刀刃上。房地产经纪人员可将客户分为以下三类。

1.购房意愿强烈型

对于此类客户，经纪人一定要精准地为他们推荐几套合适的房源，及时跟进，保持必要的联系，用自己的专业和热情去服务，在合适的时机一锤定音。

2.购房意愿不明确型

此类客户需要经纪人适当的引导，明确客户的购房意向，比如主动为他制订几套详细的购房计划，推荐性价比较高的房源供其选择，适当营造房源紧缺的现象，激励客户做出选择。

3.所购房源稀缺型

由于市场上适合此类客户的房子不多，可以少带看，多联系，让客户们觉得这样需求的房子很难找，当有满足其要求的房子出现时，一定要让其立刻下决心购买。

二、把握好跟进的时间

跟进最好保持在第一天、第四天或者第七天的一个频率，既能给客户充分考虑的时间，也能在这段时间内判断出客户是否需要继续跟进。

三、提供真诚的服务

与客户成为朋友，用真诚的服务去打动他们。经纪人可尝试与客户建立亲密的个人关系，取得他们的信任并建立友好关系。

比如，有最新的楼盘消息，第一时间分享给客户；节假日、周末等发送一些温暖的祝福信息；将最新的市场行情、法律、法规及时的告知客户。

四、对售房客户的跟进

新闻采访中有一套基本原则，就是何时何地何人发生了什么，房地产经纪人员跟进客户时也是同样的原理，要让自己能够第一时间弄清楚自己的跟进记录。

1.何房

房源永远是第一优先级的目标，经纪人需要记录的房源资料除了基本信息外，还应该包含房源的税费、当前交易状态或产权性质、是否仍然有贷款或抵押。

2.何地

房源所处的地理位置决定了房源的价格，所以房地产经纪人员应该详细跟进房源所在的小区位置、附近的商圈与配套设施。

3.何人

很多业主在售房时会有诸多限制，比如购房年限、购房套数，这对房地产经纪人员匹配购房客户至关重要；同时房地产经纪人员还应收集业主的家庭信息，方便评估业主售房的状态。

4. 何时

何时指的是业主在售房源的预期售卖时间，是否着急出售等；同时也指房源的房龄、上架售卖的时间，这都可以帮助经纪人更好地评估房源现状，并为其安排合适的推荐策略。

5. 何价

房源价格，这是每一个购房客户都要咨询的问题，所以房产经纪人应该在登记房源时就向业主详细询问房源的底价，不应等到客户有购买意向后才对业主进行探底。同时房地产经纪人员还应收集房源的贷款余额、物业费、停车位价格等涉及房产使用的开支，为购房客户提供更全面的信息服务。

五、对购房客户的跟进

与售房客户相对的，房地产经纪人员对购房客户也应有一套完整的跟进技巧。

1. 何需

房地产经纪人员应该详细记录客户对房产的喜好，如户型选择两室户还是小三房、位置选择城中区域还是地铁附近，这些基础的需求信息都应向客户确认。

2. 何地

这里的何地主要是记录跟进客户都去哪里看过房源、走访过哪些小区、之前的带看结果是否满意，因为很多购房客户自己并不清楚自己想要什么房源，所以通过了解客户去过哪，可以很好地了解客户的需求。

3. 何人

房地产经纪人员需要了解业主的家庭状况，以便判断其售房状态；面对购房客户，房地产经纪人员也应该详细了解其产权归属人及家庭状况，购买力更适合什么样的房源。另外，房地产经纪人员也应该了解购房客户的贷款现状、公积金类别等，评估其购房能力。

4.何时

了解购房客户的职业，判断其什么时候方便看房、什么时候方便到店会晤以及客户什么时候方便支付买房首付款。

5.何价

最后，根据以上资料，房地产经纪人员可以准确地评估出购房客户最高可以承受多少价格的二手房或新房，以便为其准确地匹配门店优质房源。当然房地产经纪人员也可以直接问客户，但从过往经验来看，从客户那得到的预期往往和结果有很大出入。

相关
链接

跟进客户的方式

1.欲擒故纵式跟进

这样的跟进方式对于客户来说很受用，因为客户一般很不喜欢销售行业一直不停地跟进询问，一来会影响客户生活；二来会让客户觉得经纪人把自己的意愿强行让自己接受；三来会让客户对房源陷入更深一步的考虑，思考为什么经纪人要那么急切地跟进。因此一般采用欲擒故纵的方式比较好。

2.体贴关心式跟进

这种方式的跟进，容易与客户建立感情，是给经纪人的加分项，体贴关心式跟进是指经纪人需要先为客户考虑。

3.长远式跟进

对于不着急的买房，并且平时总是很忙的客户，经纪人要采用长远式跟进，正是因为客户很忙，所以客户没有时间考虑太多，被同行抢单的可能性也会很小。这种客户，经纪人要比客户还要有耐心，因为跟进的时间比较久，偶尔给客户发送一些适合客户的房源就可以，不用经常打扰。

如果客户犹豫是因为房源的价格或想要询问家人的意见，还是其他原因或者房源不满意，经纪人都可以根据上面总结的方式技巧来跟进，帮客户更大范围地采集房源，找到和客户匹配度更高的房源，这样再去跟进的时候经纪人就会有底气，客户的满意度更高，开单的概率也会更大。

休闲小吧

某一地区，有两个报童在卖同一份报纸，两个人是竞争对手。

第一个报童很勤奋，每天沿街叫卖，嗓子也很响亮，可每天卖出的报纸并不很多，而且还有减少的趋势。

第二个报童肯用脑子，除了沿街叫卖外，他还每天坚持去一些固定场合，去了后就给大家分发报纸，过一会再来收钱。地方越跑越熟，报纸卖出去的也就越来越多，当然也有些损耗。而第一个报童能卖出去的也就越来越少了，不得不另谋生路了。

点评

第二个报童的做法大有深意。

——在一个固定的地区，对同一份报纸，读者客户是有限的。对竞争对手的利润和信心都构成了打击。

——报纸随机性购买多，一般不会因质量问题而退货。

——即使有人看了报，退报不给钱，也没关系，一是总会有积压的报纸；二是已经看过了报纸，肯定不会再买同一份了，还是自己的潜在客户。

分类管理客户档案

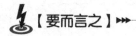

客户档案是指有关客户情况的档案资料，是反映客户本身及与客户关系有关的商业流程的所有信息的总和。客户档案管理是客户管理工作中的一个重要环节，房地产经纪人员要根据不同客户类型进行分类管理。

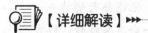

一、建立客户档案

房地产经纪人员可以通过专门收集客户与公司联系的所有信息资料、客户本身的内外部环境信息资料，以建立详尽的客户档案。这些资料主要有下表所示的几种类型。

建立客户档案资料的类型

序号	类型	内容
1	有关客户最基本的原始资料	包括客户的名称、地址、电话及他们的个人性格、兴趣、爱好、家庭、学历、年龄、能力、经历背景等
2	关于客户特征方面的资料	包括所处地区的文化、习俗、发展潜力等
3	关于客户周边竞争对手的资料	对竞争者的关系都要有各方面的比较
4	关于交易现状的资料	包括客户的销售活动现状、存在的问题、财务状况等

一般来说，房地产经纪人员在建立客户档案时，应注意以下事项。

（1）档案信息必须全面、详细。档案的建立，除了应包括客户名称、地址、联系人、电话这些最基本的信息外，还应包括其购买力、与本公司的交易意向等这些更为深层次的因素。

（2）档案内容必须真实。

（3）对已建立的档案要进行动态管理。

二、意向客户的档案管理

在对意向客户的档案进行管理时，可以参考以下方法。

（1）在接待完客户后，可把客户资料填入"意向客户登记表"，并及时填报客户追踪情况。

（2）根据客户的等级，将意向明确的客户报给销控，以便协调房源，避免"撞车"的现象。

三、定金客户的档案管理

在对定金客户的档案进行管理时，可参考以下方法。

（1）客户定房后，可将其资料填入"业主登记一览表"，以便于对业主情况进行查询。

（2）对客户的职业、经济收入水平、文化层次、居住区域、消费心理等，进行系统的统计分析，从而使目标客户群的定位更加明晰。

（3）业主要求换房或退房时，应将业主换房或退房的具体情况填入"客户换房、退房一览表"，并及时更新其相关的数据。

（4）定期出一份"销售退房情况一览表"，以便掌握销售动态，并总结退房的具体原因，及时调整自己的销售策略。

（5）对特殊优惠的客户，要进行备案，将其资料填入"特殊优惠客户一览表"，以便查询。

四、签约客户的档案管理

在对签约客户的档案进行管理时，可以参考以下方法。

（1）可将未按规定期限签约的客户资料填入"未签约客户一览表"，以便尽早解决签约遗留问题，加速资金的回笼。

对资金回笼的管理，可以参考以下方法。

① 可将客户的交款情况填入"客户交款情况明细表"，可按付款方式对客户进行分类，以便及时向客户催款或催办按揭，从而加速资金回笼。

② 可将办理延期付款的客户资料填入"延期付款客户一览表"，以便及时了解回款情况。

（2）对签约的客户，应将签约的具体情况填入"契约签署一览表"，并在备注中将合同的某些特殊条款列明，以便日后查询。

五、问题客户的档案管理

对存在棘手问题的客户，可以将其资料填入"问题客户一览表"，并按客户服务流程及时上报，以便及时解决问题。

六、客户档案保密管理

客户资料是公司的财产，任何人不得占为己有或故意泄露。要想做好客户信息的保密工作，可以采取以下措施。

1.客户档案分级管理

一般来说，最重要的客户档案应设置为公司秘密级信息，借阅、翻查时都必须履行相关手续。

2.采取保密技术措施

在对客户档案进行管理时，可以采取以下技术措施。

（1）对计算机进行加密设置，由专人管理。

（2）纸面文档应设置专柜管理，借阅时必须登记。

（3）制定保密制度和惩罚措施。

做好售后服务跟进

【要而言之】▶▶

　　一个优秀的房地产经纪人员，不仅要在销售活动中为客户提供周到、热情的服务，还应在销售结束之后提供完善的售后服务。

【详细解读】▶▶▶

一、售后服务的作用

　　售后服务的作用如下图所示。

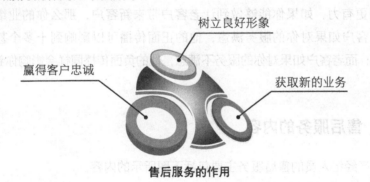

赢得客户忠诚　　树立良好形象　　获取新的业务

售后服务的作用

1.树立良好形象

　　树立良好的形象主要包括企业形象和个人形象，具体如下。

　　（1）树立良好的企业形象。良好的售后服务是树立企业形象的关键环节。在市场竞争日益激烈、客户消费意识日益提升的环境下，售后服务的水平已经成为衡量一个企业实力的重要标准。

　　（2）树立良好的个人形象。良好的售后服务还是树立房地产经纪人员个人形象的关键所在。很多时候，客户更为信任的是房地产经纪人员本人。有很多房地产经纪人员在跳槽离开原公司之后，之前的老客户还是会主动找上门来，这是因为他们觉得你值得信任，不管你在哪家公司，他们信任的就是你这个人。

2.赢得客户忠诚

仔细分析一下，在你的职业生涯中，有多少客户是你的老客户？老客户多，说明客户对你的忠诚度高；客户对你的忠诚度高，说明客户对你的服务是满意的，客户是信任你的。否则，就说明你为客户提供的服务还不到位，你为客户所做的还不够多。一个销售人员留住新客户比留住老客户要多花费数倍的精力。把你寻找新客户的时间和精力分一点给老客户吧，他们会为你带来更多的业绩，会帮助你的事业更上一层楼。

3.获取新的业务

房地产业内有这样一句话："早期的业主是最好的房地产经纪人员。"同样，对于二手房销售来说，"老客户是你最好的广告"。有调查表明，在各种各样的宣传形式当中，客户口碑宣传产生的效果是最好的。也就是说，老客户对产品的意见对新客户是否购买起决定性的作用，这远比房地产经纪人员对新客户进行讲解和介绍更有力。如果你能够做到让老客户带来新客户，那么你的业绩将大大提升。老客户如果对你的服务满意，他的正面传播可以影响到十多个甚至更多亲朋好友；而老客户如果对你的服务不满意，他的负面传播同样会影响你新客户的开发。

二、售后服务的内容

房地产经纪人员的售后服务主要包括下图所示的内容。

售后服务的内容

1.协助办理各种手续

二手房交易是一个烦琐、复杂的流程。客户签约购房以后，还有一些非常重要的、复杂的手续需要办理，比如过户手续、按揭手续、交房手续等。大部分客户都是外行，他们不可能熟悉这些手续的办理程序，所以需要有专人进行指导，帮助其办理各种手续。

2.与客户保持联系

交易结束后，是不是你与客户就成了陌生人，互不往来了呢？如果是这样的话，那么你就不是一名合格的房地产经纪人员，你根本不懂得如何有效扩大你的客户群。作为房地产经纪人员，你会接触到很多客户，如果把这些客户真正变成你的熟人甚至你的朋友，那对你的销售、你的事业绝对有很大的帮助。买一件小东西，大家可能很快就会忘记向谁买的，但购房就不一样了，只要你能保持与客户的联系，客户是不会忘记你的。那么，我们应该如何与客户保持联系呢？很简单，你只要在节假日、客户生日或者其他与客户相关的重要日子打个电话、发条短信，或者闲暇的时候去回访你服务过的客户，就会让客户备受感动。

小提示

你对客户的拜访、问候必须是自然的、发自内心的，不要让客户感觉你是另有目的的，一定要让客户感受到你的真诚。

3.帮助客户解决相关问题

客户购买了房子，心里未必就踏实了，他们仍然可能会因为碰到什么问题而去找你。这时候你可千万不要不耐烦，要知道，客户之所以找你咨询，是因为他们把你当成一个可信赖的朋友，希望从你这里寻找安全感，所以你一定要认真对待。如果你能够借此取得他们的信任，客户就有可能在其他准备购房的亲朋好友碰到问题时也向你请教，这可是一个挖掘新客户的大好时机。

休闲小吧

有两家卖粥的小店。

左边这个和右边那个每一天的顾客相差不多，都是川流不息，人进人出的。然而晚上结算的时候，左边这个总是比右边那个多出百十元来，天天如此。

于是，我走进了右边那个粥店。服务小姐微笑着把我迎进去，给我盛好一碗粥。问我："加不加鸡蛋？"我说加。于是她给我加了一个鸡蛋。

每进来一个顾客，服务员都要问一句："加不加鸡蛋？"也有说加的，也有说不加的，大概各占一半。

我又走进左边那个小店。服务小姐同样微笑着把我迎进去，给我盛好一碗粥。问我："加一个鸡蛋，还是加两个鸡蛋？"我笑了，说："加一个。"

再进来一个顾客，服务员又问一句："加一个鸡蛋还是加两个鸡蛋？"爱吃鸡蛋的就要求加两个，不爱吃的就要求加一个。也有要求不加的，但是很少。一天下来，左边这个小店就要比右边那个多卖出很多个鸡蛋。

点评

给别人留有余地，更要为自己争取尽可能大的领地。只有这样，才会于不声不响中获胜。销售不仅仅是方法问题，更多的是对消费心理的理解。

及时处理客户投诉

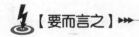 **【要而言之】** ▶▶

当发生一些令客户不满意的事情时，客户有怨言是正常的，此时，房地产门店就要对客户的投诉做出及时、正确的处理，否则，就会使事情向更坏的方向发展。因此，处理客户投诉时也需要掌握一定的技巧。

【详细解读】 ▶▶▶

一、保持友好的态度

当房地产门店接到客户投诉时，接待人员首先要有换位思考的意识，站在客户的立场考虑问题，千万不要与客户发生争执，谁对谁错并不重要，如何沟通处理、解决客户的问题才是最重要的。

客户对产品或服务不满，从心理上来讲，会觉得自己被亏待了，付出了大量的投资，却买不到满意的房子和服务。如果接待人员的态度不友好，就会让他们的情绪更差，结果只会恶化门店与客户之间的关系；相反，接待人员若能做到态度诚恳、热情礼貌，则会降低客户的抵触情绪，从而完美地协商解决问题。

俗话说，"伸手不打笑脸人"，真诚的微笑能化解客户不好的情绪。满怀怨气的客户在面对春风般温暖的微笑时也会不自觉地减少怨气，这样更容易得到双方满意的结果。

二、先处理情感，后处理事件

处理客户投诉时，往往会因为沟通存在障碍而产生误解。即便如此，接待人员也绝对不能与客户进行争辩。因为，作为房地产门店，其宗旨就是"一切源于客户，一切为了客户"，没有了客户，门店也就没有了生存的基础。

小提示

要想有效地处理客户投诉，首要的就是"先处理情感，后处理事件"，先在我们与客户之间架起互相信任的友谊桥梁，不断地改善双方关系，这样才能让问题更容易解决。

三、不要与客户发生争吵

客户在投诉时，总是情绪激动，甚至可能言辞激烈。对此，接待人员要保持冷静，克制自己的情绪，切不可与客户发生争吵。否则，只会扩大事态，让客户失望地离去。

有时候，客户的投诉可能是由于客户自身的原因，在这种情况下，接待人员通常会很容易对这些客户产生偏见，在内心默默地骂着一些难听的话，一旦给客户贴上这样的标签，毫无疑问，你就会在心中对客户形成一种负面评价，并且无论怎么克制，你都容易在言语之中表示出对客户的不满，甚至形成对立的局面。

因此，在处理客户投诉时，接待人员要学会理解、尊重客户，语言不能过激，不能与客户针锋相对，避免彼此关系恶化。千万不要以一些粗鲁、伤人自尊的话伤害客户，如"房子本来就这样，你怎么连最基本的常识都不懂？"而要用委婉、得体的语言与客户沟通。

销售语录

房子不是越大越好，大而不实，不如小巧精致，就跟买鞋一样，舒服就好。

定期跟踪回访客户

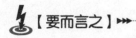【要而言之】▶▶

客户回访是房地产门店用来进行产品或服务满意度调查、客户消费行为调查、进行客户维系的常用方法。由于客户回访往往会与客户进行比较多的互动沟通，因此，回访管理也能完善客户数据库，为进一步的交叉销售，向上销售做铺垫准备。

【详细解读】▶▶▶

一、确定时间进行回访

针对客户的回访时间并没有特定的要求，一般针对新客户会有一个详细的计划进行及时回访，平均每一两天就进行一次，最长不超过一周，周四、周五是回访的最佳时机。此时回访不仅是对客户需求的了解，更重要的是通过回访约定客户周六、周日进行实地看房，充分利用周末空闲时间增加和客户接触、沟通的机会。

实际上在接触过程中，通过前期一两次的沟通，客户一般都会告知自己的作息习惯，这样可以根据客户的现状进行有针对性的回访。

比如，一般周末回访选择上午10点以后和客户进行沟通，因为周末大家一般会起床比较晚，太早的话可能会打扰客户休息；中午大多数人都要午休，回访时间最好选择下午3点以后，以免打扰对方；晚上10点以后就不要给客户打电话了。所有的这些都需要了解客户的作息习惯进行调整，并没有统一的标准。

二、回访的方式、内容

一般来说，回访的方式，主要有以下两种。

（1）对客户要有"没事儿找事"的想法。如请客户帮忙等，把客户当作朋友。

（2）在与客户长时间进行电话沟通前，一般先进行短信联系，让客户心里有所准备。如果客户方便，自然后期大家可以沟通得深入一点。

三、回访的注意事项

房地产门店在安排经纪人回访客户时，应注意以下事项。

（1）回访时一般选择座机。一方面座机更容易看到沟通的时间；另一方面座机代表的是门店，有利于加深客户的印象。

（2）在跟客户沟通前，经纪人最好对谈话内容及自己的状态进行调整。因为房地产经纪人都是代表门店与客户进行沟通，不好的状态很容易造成客户对门店有负面的看法。

（3）给客户进行自我介绍时，特别是对高端客户，一般会直接告诉对方自己的姓名，应做到"不卑不亢"。

（4）对客户的称呼时，一般不选择小姐、同志等。特别是当年龄弄不清楚时最好以先生、女士、哥、姐、叔叔、阿姨等。

（5）对客户回访记录一般都在手机或笔记本上进行登记。在进行记录时，有些客户可能会仅留姓不留名。此时最好要求客户留全名，避免万一混淆客户造成不必要的尴尬。

（6）善于抓住特殊的时机。即逢年过节、市场新政、客户生日等，都可以进行回访。

（7）给客户提供一些专业的建议。比如装修建议、应该贷多少款合适、多大面积的房子更适合客户需求等，作为房地产经纪人，同时也应该是一个设计师、理财师等，帮助客户设计更好的购房、理财方案。

（8）对老客户推荐的客户。必须要把自己的专业性体现出来，应把老客户当成新客户一样维护。因为老客户更加有能力要求房地产经纪人打折、跳单等。

客户回访是客户服务的重要一环，重视客户回访，充分利用各种回访技巧，满足客户的同时也可创造价值。

销售冠军
成长记系列

二手房销售从入门到精通
从目标到业绩的高效销售技巧

第八章
自我学习与提升技巧

导言

　　"活到老学到老"，作为房地产经纪人员也一样。只有不断学习提升自我，与时俱进，才能最终成功。当然，自我学习提升需要循序渐进，脚踏实地，切不可一步登天，只有在平日做好各项基础工作，成功才会不期而遇！

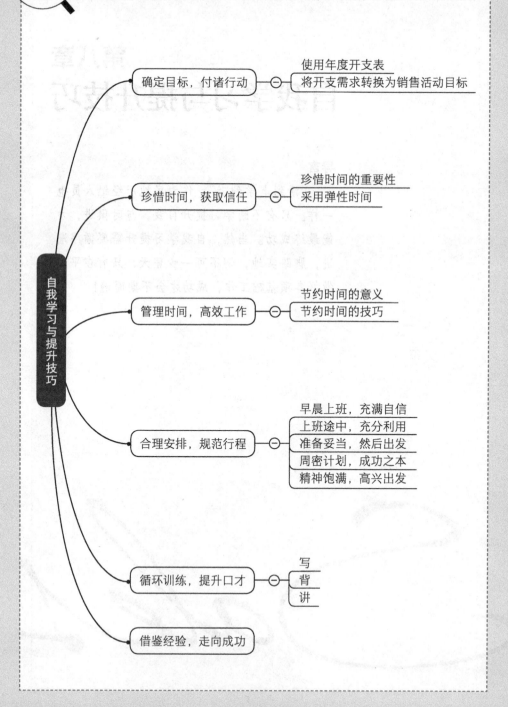

自我学习与提升技巧

确定目标，付诸行动 —— 使用年度开支表 / 将开支需求转换为销售活动目标

珍惜时间，获取信任 —— 珍惜时间的重要性 / 采用弹性时间

管理时间，高效工作 —— 节约时间的意义 / 节约时间的技巧

合理安排，规范行程 —— 早晨上班，充满自信 / 上班途中，充分利用 / 准备妥当，然后出发 / 周密计划，成功之本 / 精神饱满，高兴出发

循环训练，提升口才 —— 写 / 背 / 讲

借鉴经验，走向成功

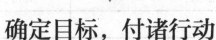

确定目标，付诸行动

【要而言之】▸▸▸ ···

房地产经纪人员要提升自我素质，必须确定目标，然后根据目标付诸行动，在行动中实现自己的梦想。

【详细解读】▸▸▸ ···

一个人如果没有奋斗的目标，便犹如没有舵的孤舟，无论怎样奋力航行、乘风破浪，终究无法到达彼岸。

事实上，目标不明、横冲直撞的人比比皆是。

一、使用年度开支表

在拟订开支计划前先回顾过去一年的开支情况，以此为基础填写年度开支表，将各项费用汇总，接着评估未来的开销目标，比如是否需要购买新车，是否需要度假？然后想想每月需存多少钱才能实现这些愿望。

年度开支表

	支出项目	每月	全年
固定费用	租金或房屋按揭		
	保险费（产险＋寿险）		
	银行定期存款		
	债务偿还（分期付款除外）		
	股票投资		
		全年总计	

续表

支出项目		每月	全年
生活费用	伙食费		
	服装费		
	电话费、水电费等		
	房租费		
		全年总计	
业务开支	交通费		
	广告邮费		
	文具、图书杂志费用		
		全年总计	
其他杂项	其他贷款或捐款		
	娱乐、交际费		
	旅游费		
	其他		
		全年总计	

备注：
（1）未来 12 个月的总支出 = 上述每月全年总计之和
（2）未来 12 个月的其他收入 = 个人的其他收入（如房租、配偶收入之和）
（3）未来 12 个月必要总收入（即首年佣金）=（1）－（2）
（4）每个月必要收入 =（3）÷12

二、将开支需求转换为销售活动目标

将维持生活所必须的金额转换为年度业绩目标。为了让目标的时间性、可行性、挑战性更为明确和具体，可以按下列步骤拟出工作计划。

（1）依年度业绩目标拟出年度工作计划。

（2）依每月业绩目标拟出每月工作计划。

（3）依每月工作目标展开每周工作计划。

珍惜时间，获取信任

房地产经纪人员无论做任何事情都要懂得珍惜时间的重要性，因为时间是不可再生的资源，更显得可贵。

一、珍惜时间的重要性

成功人士都是掌握并运用时间的高手，他们深深懂得珍惜时间的重要性。在他们的眼中，时间是所有物品中最有价值、最值得去收买的物品，而且，也正因为时间是不可再生的资源，所以更显得可贵。它往往是各种问题、各种场合的致命核心，是关键，在社会交际中尤其如此。

谈判时，你是否能按时坐在谈判桌前；上班时，你能否准时坐在你的办公桌前，让你的老板看到；约会时，你是否能按时到达与异性约会的地点……假如你在这些时候、这些场合错过了时间的提示，那么你很有可能失败。可见，如果你想有一次成功的交际，"准时"是万万不能忽视的。

有的房地产经纪人员因工作忙，接待客户的时间都受到限制，谈话最多不超过三分钟，对于这样的人来说时间是生命。你如果在应约的时间没到，你就失去了这次交往的机会，并且可能永远失去了和这个人交往的机会，你没到，别人却在等你，这种等待是不公平的，是浪费别人的生命。假如你因急事或意外事故不能按时赴约，你应该打电话告诉别人。

小提示

　　在交际中所有的事情都离不开约时间，迟到而来、申明缘由，是办事拖沓、不干练的表现，无故不去是拒绝的表示；在交谈中语无伦次、拖延时间，是一种胸中无数的表现，所以要不迟到、不拖延，定时、定点地按预期计划进行。

二、采用弹性时间

　　为了不影响别人的工作或其他安排，在约定时间也可采用弹性时间，比如说下午3:30～4:00之间，这样被约者也可安排一些放松性的活动。总之在交往中守时是一个人品格和作风的体现。一个不守时的人给人留下的印象是不可靠的，仅此一点，你就失去了与人建立深交的基础。一个人守时首先是言而有信、尊重他人的表现。

管理时间，高效工作

⚡【要而言之】▶▶

　　成功的房地产经纪人员有一个共同点就是像"疯子"般拼命工作。热衷的精神和充沛的体力，可以从清晨工作到深夜。

📋【详细解读】▶▶

一、节约时间的意义

　　以一般人的眼光来看，也许他们像"疯子"一样工作，尤其是一流的房地产经纪人员，他们能够不分昼夜长时间地工作。

　　时间对于每一个人来说都一视同仁，并不给谁多、给谁少。成功者不是靠拉长时间来赢得成功，虽然他们拿出了每天绝大部分时间工作，似乎是拉长了时间；而实际上，他们不过在节约时间，即节约了休息、进餐、娱乐等不必要的时间。做正确的事，而不是多做事。

二、节约时间的技巧

　　原一平是节约时间的高手。他的基本原则就是：做正确的事而不是多做事。

　　除原则外，总结他节约时间的具体技巧，可以归纳出19条，具体如下。

　　（1）根据预约销售，这样可保证销售时间的质量。

　　（2）随时把一张记有20个最佳买主的名单带在身上，你可以在偶尔空闲时与其中一位或几位加强关系。

　　（3）每天晚上为第二天写一份"预备做的事情"的清单，这样你就为完成工作下了一半的决心。先做单子上列为优先的事情。

（4）当客户已达到极限时，要把你的销售方式改为电话销售或邮寄销售。

（5）向决策者销售，并通过会见受买方影响或引荐的人，来左右每个销售合同。

（6）要做需要做的事，而不是你喜欢做的事。

（7）总要再多进行一次访问。

（8）经常地检查你的目标，并问自己："现在怎样才能最充分地利用我的销售时间？"

（9）避开那些不能很好利用时间的房地产经纪人员。

（10）不管你选择采取哪一种销售行为，都要给他们充分的注意，以便你能在较短的时间内取得结果。

（11）把耗时的销售活动分为较小的部分，以便人们不用太多的时间就能完成，并取得进展。

（12）把接近的几位最佳客户放在最优先的位置，发展你与重要客户的关系，并增添新的、合格的客户。

（13）时间不要安排太紧。

（14）建立起引荐网络，他们将帮你销售。

（15）对询问要立即做出反应。

（16）尽可能多地注意销售的各个方面，如时间安排、跟踪访问、辨别客户、写建议书等。

（17）严格要求，使你多次花时间访问的客户符合条件，尽可能使最佳的几位潜在客户成为准客户。

（18）拒绝涣散你目标的行为以取得成功。

（19）想得少些，缩小你的注意范围。

销售语录　价值决定价格，同时价格也是价值的体现，价格不能说明一切，但总要物有所值。

合理安排，规范行程

【要而言之】▶▶

青年时的原一平每次离开家门时总是信心十足，他总能把一天的时间安排得既科学又合理，且有利于提高销售额。房地产经纪人员要明确规范化一天应该是怎样度过的。

【详细解读】▶▶▶

一、早晨上班，充满自信

（1）房地产经纪人员早晨醒来，就要心情舒畅，快快乐乐。

（2）不要赖床，要果断、快速地起床，起床时间以6:30为适宜。

（3）用适度的运动来激发身体的活力。

（4）阅读报纸或收听电台新闻，准备好与客户见面时谈话的内容。

（5）整理仪容、仪表，高高兴兴地准备离家上班。

（6）再检查一下随身用品，诸如名片、笔、笔记本、钱包、纸巾、公交卡或车钥匙。

（7）亲切地与家人打招呼，精力充沛地往外走。

二、上班途中，充分利用

（1）上班途中，遇到认识的人，先亲切地打招呼。

（2）偶然改变一下上下班的路途，也许会碰到意想不到的机会。

（3）坐车上班，在车上是读书、看报的好时间。

（4）看报纸要先看国内外大事、经济新闻和社会新闻。

三、准备妥当，然后出发

（1）到公司的第一件事，是向同事打招呼。

（2）好的房地产经纪人员最好在上班前20分钟到达办公室，以便做好充分的准备。

（3）积极、主动地参加办公室活动，与同事打成一片。

四、周密计划，成功之本

（1）明确今天销售活动的目标及要点。

（2）充分拟订今天的行动计划与预定的活动路线。

（3）出门前再检查一下公文包内的销售用品和宣传资料。

五、精神饱满，高兴出发

（1）先与预订的访问对象电话联络好。

（2）拟订访问路线和访问次序。

（3）向公司管理者或有关人员说明自己的去处。

（4）要尽可能多地拜访客户或潜在客户。

休闲小吧

老虎抓到一头鹿后要把它吃掉！鹿说："你不能吃我！"老虎愣了一下，问："为什么？"鹿："因为我是国家二级保护动物！"老虎大笑道："总不能为了二级保护动物而让一级保护动物饿死吧？"

点评

竞争是残酷的，要时刻持续"危机感"，不要让优势变成劣势，反而害了自己。

循环训练，提升口才

【要而言之】▶▶

三步循环训练法中的三步是什么呢？其实就是写、背、讲，房地产经纪人员采用三步循环训练法，肯定能训练好自己的语言表达能力。

【详细解读】▶▶▶

一、写

房地产经纪人员在写的过程中，需要注意以下三点。

1.落笔前想清楚

不要提笔就写，应该"意在笔先"。在落笔前需要想清楚四个问题，具体如下图所示。

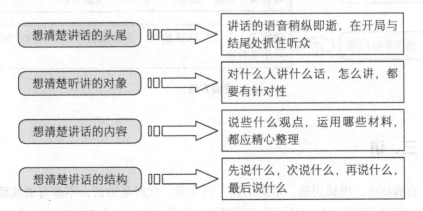

想清楚讲话的头尾 ▶ 讲话的语音稍纵即逝，在开局与结尾处抓住听众

想清楚听讲的对象 ▶ 对什么人讲什么话，怎么讲，都要有针对性

想清楚讲话的内容 ▶ 说些什么观点，运用哪些材料，都应精心整理

想清楚讲话的结构 ▶ 先说什么，次说什么，再说什么，最后说什么

落笔前四个想清楚

2.动笔时有宗旨

有宗旨，就是记住所写的是讲话稿。讲话稿要处处注重口语化，多用口头语，少用书面语；多用短句，少用长句；简短明快，层次清晰，使人一听就明白；避免冗长拖拉，条理杂乱。

3.搁笔前细修改

修改是一个重要的环节，写完不代表写好。根据演讲稿的要求细细推敲，做到增添内容单薄的地方；删除选例重复、言语啰唆的地方；改文句不通、用词不当；换掉思路不清、主次不明的段落。

二、背

房地产经纪人员将演讲稿写好之后，接下来就需要下功夫把演讲稿背出来。选用合适的背诵方法，往往可以取得事半功倍的效果。背诵的主要方法，具体如下图所示。

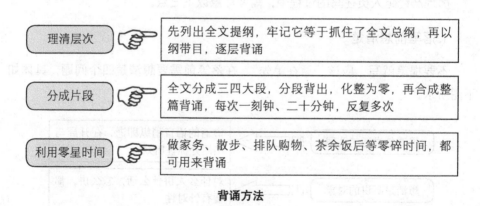

理清层次	👉	先列出全文提纲，牢记它等于抓住了全文总纲，再以纲带目，逐层背诵
分成片段	👉	全文分成三四大段，分段背出，化整为零，再合成整篇背诵，每次一刻钟、二十分钟，反复多次
利用零星时间	👉	做家务、散步、排队购物、茶余饭后等零碎时间，都可用来背诵

背诵方法

三、讲

充满信心，甩掉讲稿，娓娓而谈。请注意，此时是讲话，不是背诵或朗读。房地产经纪人员开始的时候一般会出现三种情况，其具体内容如下图所示。

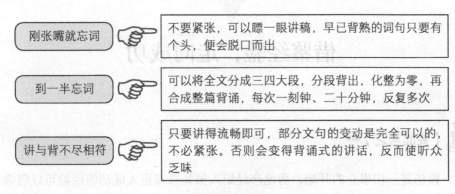

讲的三种情况

房地产经纪人员每次讲完后，都要认真回顾：讲稿写得好吗？背诵得熟练吗？讲得镇定自如吗？听众反映怎么样？吸取教训，总结经验，以利再战。

通过三步训练方法，持久地训练，口才有所提高之后，可以将原来写的全部讲稿改为只写头尾和提纲，进而只写提纲，再进一步，只想好腹稿，最终达到只要稍作思考，便能即兴发言的境界。

休闲小吧

　　某男生在追一个女同学，女同学给他下了最后的"通牒"："没有奥迪A6和两层的别墅来满足我，就别来烦我了。"他苦笑。回家和爸爸妈妈商量，征求他们的意见。父亲在抽了支烟，叹口气说道："车倒是好办，家里的劳斯莱斯卖了买几台奥迪倒是不成问题，只是这二层别墅，咱总不能把这五层的楼扒掉三层吧，这样就太浪费了。你和她还是算了吧，没有必要为了追她我们家还要拆房子。"

点评

在不了解对方真实需求的状况下，千万不要乱报价。

借鉴经验，走向成功

【要而言之】 ▶▶▶

模仿是一切事业的开始。房地产经纪人员如果有别人成功的经验可以借鉴，别人失败的教训可以汲取，这不是天大的好事吗？

【详细解读】 ▶▶▶

面对现实，面对漫漫人生路，有时你可能犹豫彷徨，有时你可能也想过退缩，因为成功对于我们似乎遥遥无期。

当然，如同世界上没有两片相同的树叶一样，世界上每个人的成功之路，都不会完全相同，都会有其自身的一些特点。但是，我们主要是学习其方法，而不是今天你身边的张三做房地产发了家，你也就跟着去做房地产；明天你身边的李四研究计算机软件发了财，你也就跟着做计算机软件。

学习乃至效仿成功者并非如此简单，你首先得学会选择，选择一个你认为成功的目标人物。这位成功的目标人物可能是你的邻居、长辈、师长、亲戚、同事、上司，甚至是你的父母，当然最有可能的是传记中的人物。你尽可以向他们请教，学习他们的成功之道，汲取他们成功路上短暂失败的教训。下列内容是你必须学习、效法的。

（1）他是如何找到自己成功领域的？

（2）他的事业是如何迈出第一步的？

（3）他如何熬过了最艰难的日子？

（4）他是如何拓展自己的事业领域的？

（5）他是如何处理复杂的人际关系的？

（6）他是如何规划自己的事业的？

（7）他如何面对初步成功后的局面？

你还可以更详细一些，再详细一些，既然你已经想效法他，既然你有如此好的便利条件，你不妨多问他一些问题，然后你就学着去做。

无论你是想成为一位音乐家、演员，还是一名实业家，你都可以这样去做，沿着他们成功的路，走下去，走下去你就会离成功不远了。

休闲小吧

从前，有位老爷爷与孙子一起牵着一头驴，准备带往市场去卖。走了一段路，老爷爷听到有位路人说："瞧这爷孙俩，放着驴不骑，真是傻瓜！"老爷爷听后，觉得有点道理。爷孙俩便一起骑上驴背，继续前行。

走了不久，又遇到一个路人，那路人指着他们说："这爷孙俩真是没有人性，压得驴都透不出气来了！"听了路人这么一说，那老爷爷便赶忙下来，让孙子一人骑在驴背上，自己牵着驴步行。

过了不久，经过一间茶馆，茶馆外站着一名伙夫。伙夫说道："这个小孩儿真是不懂事，自己享受，让老人家走路。"那老人听了觉得那名伙夫说得很有道理，便吩咐孙子下来，自己骑了上去。

走着走着，又来到了一条热闹的街道。三五个妇女对着他们指指点点："唉！这个老人怎么这样没有爱心，自己享受，让小孩受苦！"听后，老人脸红了。"这也不对，那也不对，到底怎样才是对的呢？"最后，爷孙俩向人借了一条大绳与一根长棍，将驴的四脚绑上，两人把它抬到市场去了！

点评

有许多人对销售工作有所误解或一知半解。身为销售人员，必须要有一定的看法和正确的做法。有时，无法避免他人在旁的批评或劝告，不可能取悦每个人，否则将会失去方向，迷失自己。